NOTICE

HISTORIQUE ET BIOGRAPHIQUE

SUR

J.-B. SALLE

MÉDECIN, NÉ A VEZELISE EN 1760

DÉPUTÉ DU TIERS-ÉTAT DE NANCY AUX ÉTATS-GÉNÉRAUX EN 1789 — MEMBRE DE L'ASSEMBLÉE LÉGISLATIVE ET DE LA CONVENTION NATIONALE EN 1792 — PROSCRIT, COMME GIRONDIN, LE 31 MAI 1793

DÉCAPITÉ A BORDEAUX, LE 19 JUIN 1794, A L'AGE DE 34 ANS

PUBLIÉE PAR

J.-B.-V. SALLE

SON PETIT-NEVEU

Chevalier de la Légion d'honneur, Officier d'Académie, etc.

A L'OCCASION DES FÊTES DU CENTENAIRE DE SA MORT

Le 19 juin 1894

« Sunt Lacrymœ rarum »

EN VENTE

A PARIS, NANCY, BAR-LE-DUC, ÉPINAL

CHEZ LES PRINCIPAUX LIBRAIRES

1893

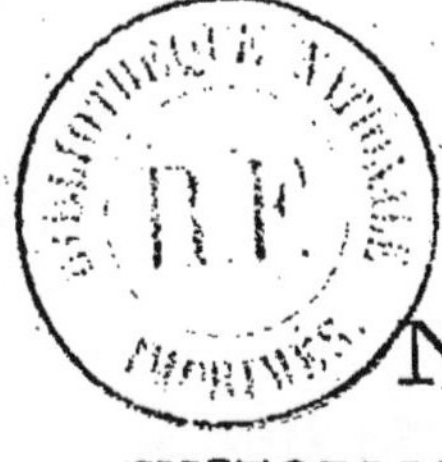

NOTICE

HISTORIQUE ET BIOGRAPHIQUE

SUR

J.-B. SALLE

J. B. SALLE
1794-1894

NOTICE

HISTORIQUE ET BIOGRAPHIQUE

SUR

J.-B. SALLE

MÉDECIN, NÉ A VÉZELISE EN 1760

DÉPUTÉ DU TIERS-ÉTAT DE NANCY AUX ÉTATS-GÉNÉRAUX EN 1789
— MEMBRE DE L'ASSEMBLÉE LÉGISLATIVE ET DE LA CONVENTION NATIONALE EN 1792 — PROSCRIT, COMME GIRONDIN, LE 31 MAI 1793

DÉCAPITÉ A BORDEAUX, LE 19 JUIN 1794, A L'AGE DE 34 ANS

PUBLIÉE PAR

J.-B.-V. SALLE

SON PETIT-NEVEU

Chevalier de la Légion d'honneur, Officier d'Académie, etc.

A L'OCCASION DES FÊTES DU CENTENAIRE DE SA MORT

Le 19 juin 1894

« Sunt Lacrymœ rarum. »

EN VENTE

A PARIS, NANCY, BAR-LE-DUC, ÉPINAL

CHEZ LES PRINCIPAUX LIBRAIRES, AU PROFIT DE L'ŒUVRE

1893

SONNET-PRÉFACE

A

J.-B. SALLE.

—◇—

...ean distingué, fidèle à son village,
...on humble destin il s'était contenté;
...s ses nobles élans d'ardente charité,
...pauvres, de son or, il faisait le partage.

...de lui, la Patrie exige d'avantage:
...Etats-Généraux, il devient Député.
...il plein de ressources, Orateur écouté,
...défendre le Trône, il tient tête à l'orage.

...yeux, il est vrai, Louis est criminel:
...euple, cependant, il demande l'APPEL;
...euple, à ce grand juge de terminer l'enquête.

...uel Tribunal, au lieu d'y consentir,
...scrit notre héros et réclame SA TÊTE!
...omme les Girondins, il mourut en martyr!

F. NARCY.

PRÉFACE HISTORIQUE

I

LES GRANDS CENTENAIRES

L'époque révolutionnaire, au milieu de ses grandeurs et de ses douleurs, a marqué et marquera par des événements et des faits si remarquables, qu'aujourd'hui, à l'époque où ce lundi 4 août 1899, vient de commencer, où toute la grande jeunesse de l'univers entier, la France entière célébrait à l'époque triomphale (21 Septembre 1899).

Ces événements des *Centenaires*, qualifiés le *grands* par l'impartiale histoire, visent 1° le *14 juillet 1789*, que la France (relevée d'une longue convalescence), a célébré avec un puissant éclat à la face de l'Univers groupé sur les bords de la Seine (Exposition Universelle de 1889); puis, 2° le glorieux *centenaire* de la France victorieuse *à Valmy*.

le 20 Septembre 1792, jour où *Kellerman,* épique héros, permit à ses descendants de faire graver, sur son monument commémoratif, cette fière légende :

Gallia exteris liberata !

3° Centenaire de *la première réunion de la* CONVENTION NATIONALE, *le 21 Septembre 1792;* 4° Centenaire, enfin, de *la* PROCLAMATION *de la* RÉPUBLIQUE, *le 22 Septembre 1792;* proclamation due à l'initiative d'un illustre Lorrain, *l'abbé Grégoire,* évêque de Poitiers !...

Cependant, il est d'autres centenaires encore, moins haut placés dans les fastes de notre histoire nationale, il est vrai, mais non moins dignes de la respectueuse et durable admiration des générations présentes ! *Tel, celui de J.-B. Salle, par exemple !*

Il appartient aux familles, descendant de ces grands hommes passés, de faire revivre les noms de leurs ancêtres ou compatriotes, qui ont jalonné, de leur incessant dévouement à la chose publique, *voire même de leur sang,* les étapes de la Révolution !

Cette évocation m'amène à vous entretenir

un instant, chers et honorables lecteurs, de *quelques préliminaires* sur *la Convention Nationale*, où l'une des grandes illustrations lorraines, J.-B. SALLE, a tant fait entendre sa voix autorisée et où il a joué un si grand rôle.

En effet, le mérite inoubliable de *la Convention*, fut précisément de comprendre cette France généreuse ; de s'incarner de son âme et d'en devenir le bras et la tête.

La Convention, certes, a commis des fautes que doit lui faire pardonner sa conduite patriotique ; et l'on doit ne tenir aucun compte des pamphlets royalistes et réactionnaires, représentant la Convention livrée aux énergumènes, tous ennemis de la France ; la preuve du contraire est dans le dénombrement de ses membres.

La Convention se composa de 749 membres, dont la plupart avaient déjà fait partie de la Constituante ou de l'Assemblée législative : tels, *Danton*, *Robespierre*, *Barrère*, *J.-B. Salle*, et tant d'autres ; elle comprenait dans son sein maintes illustrations, des érudits, des philosophes ; aussi, peut-on dire, à juste titre, que jamais la monarchie n'eut des serviteurs aussi compétents ni aussi désintéressés.

Ecoutons encore *Michelet* :

« Même avant d'être... elle était divisée...
« Les jours précédant le 21 Septembre, pen-

[...] événements à Pa[...]
[...] la Royauté [...] Montagnards de
[...] Convention [...] échangen-
[...] le fait que [...] de leur futur côté
[...] servait déjà ces argumentations ment-
[...] en présent [...] à ce soir [...] en esprit
[...] l'épouvantable ruisseau de sang qui cou-
rait dans la Convention, pour séparer les
têtes [...]

En vain, Une fois, de la Montagne
à la Gironde, Danton tendit sa grande main
au nom de la Patrie. Les Girondins lui
surent Danton de les vendre, de les livrer
à Robespierre qui emporta Danton et ce
qui emportèrent la République avec eux !
Tous ces événements terribles vont tomber l'un sur l'autre, avec la pesanteur et la
rapidité fatale d'une pierre qui descend à
l'abîme. A peine un intervalle de quatre
mois sépare ces révolutions qui, au cours
ordinaire des choses, eussent fait des âges
du monde ! »

Mais pourquoi ces funestes partis de Montagne et de Gironde ? Pourquoi ne s'enten-
daient-ils pas ? Michelet répond : « Ils se

*frappèrent sans se connaître ; ils s'igno-
raient profondément.* »

Parmi eux, il n'y avait ni *fédéralistes* tout
disposés à démembrer la France, ni *septem-
briseurs* rêvant la désorganisation pour arriver à la dictature ; et, cependant, ce furent
ces mots seuls qui les jetèrent les uns sur
les autres, dans un combat mortel.

La Convention, née de la journée du 10
Août, fut longtemps dominée par les Girondins (accusés de royalisme secret), bien
qu'elle eut pour président et secrétaires leurs
principaux chefs, *Vergniaud, Pétion, Brissot,
Condorcet;* et cependant, ils proclamèrent
quand même *la République* et la déchéance
du Roi, le 22 Septembre !

Et tout royalistes qu'ils aient pu être, presque tous des Girondins *votèrent pour la
mort de Louis XVI,* avec ou sans restriction,
comme nous le dirons plus loin.

Cependant, malgré les affreuses dissen-
sions, malgré les colères, les proscriptions,
les échafauds qui la mutilent, la Convention
continue son œuvre démocratique et nationale !

Les Conventionnels disparurent avec la

Convention ; quelles terribles destinées furent réservées à beaucoup d'entr'eux !

Girondins, Dantonistes, Hébertistes, Terroristes, Communistes, au nombre de CINQUANTE-SIX, *furent guillotinés ;* VINGT-SEPT périrent de mort violente, *assassinés* ou *suicidés,* ou *victimes de la faim,* dans les forêts de la Gironde ou de la Normandie ; ou de la *fièvre,* dans les forêts de la Guyane.

La plupart de ceux qui périrent fatalement, aussi bien que ceux qui survécurent, eurent tous conscience d'avoir fait leur devoir ; et, la conscience pure, les mains nettes, pauvres après avoir disposé des trésors de la France, ce fut assez pour les consoler de *l'oubli* et de *l'ingratitude !*

III

LE CENTENAIRE DE J.-B. SALLE

J'ai déjà fait pressentir que ce serait œuvre de patriotisme éclairé, que d'honorer de la palme du martyr, *un grand Lorrain immolé sur l'échafaud, en Juin 1794, à l'âge de 34 ans !*

« J'ai nommé le Conventionnel, le Girondin J.-B. SALLE, notre aïeul, notre grand-oncle ! »

La plupart de ses descendants expriment, au début de cette notice, le désir qu'ils ont de pouvoir célébrer officiellement *le Centenaire de sa mort !*

Nous ne pouvons, nous tous Lorrains, sans manquer aux sentiments d'admiration que nous inspire sa carrière politique, laisser éteindre son souvenir.

Nous devons honorer la mémoire d'un grand patriote qui fut avant tout un *Lorrain*, qui a mérité cette manifestation de reconnaissance nationale, par son honnêteté politique et privée; par ses talents de législateur; par ses vertus civiques ; par son dévouement absolu à la République ; et surtout, par le courage qu'il a montré *en proposant*, le PREMIER, *à la Convention Nationale,* l'APPEL AU PEUPLE *qui, seul, avait le droit de déterminer la peine à infliger à Louis XVI;* et enfin, par sa pénible et longue proscription, couronnée par *une lamentable fin tragique!*

Préparons donc un hommage à notre glorieux mort par *un monument*[1] dont la piété des souvenirs fera tous les frais et perpétuera ainsi sa patriotique mémoire !

J'ai donné à cette notice quelqu'extension historique, afin d'amener le lecteur au sein de la vie politique et privée du Girondin *J.-B. Salle.*

---

1. Ce monument sera simple et modeste, à l'égal de *J.-B. Salle,* dont *le portrait-médaillon* en rehaussera la valeur.

Ce portrait (voir la phototypie du frontispice) est authentiquement semblable à celui que possède, en ses collections de l'époque, notre Bibliothèque Nationale.

Par les détails (tout écourtés qu'ils soient)
que nous donnons sur l'époque si drama-
tique de Décembre 1792 à Janvier 1793 (durée
du jugement de Louis XVI), on aura la
filière de tous les tristes évènements dans
lesquels notre grand-oncle a joué un si noble
et si périlleux rôle.

Dans ce récit, rigoureusement authentique,
émaillé de faits notoirement connus et de
faits absolument inédits, je me suis attaché
à défendre *J.-B. Salle* des imputations ou
insinuations erronées et malveillantes dont,
parfois, l'ont accablé maints historiens de
toutes opinions[1].

1. Nous consacrerons, à la fin de cette notice, un chapitre spécial à *E. Guadet,* le sympathique Girondin, compagnon d'infortune et d'échafaud de *J.-B. Salle.*

IV

APPENDICE

Nous avons pensé ajouter à l'intérêt de cette notice en publiant, sous forme d'appendice :

1° Une série de documents rétrospectifs;

2° L'exposé analytique et officiel, de tous les travaux parlementaires de *J.-B. Salle*, *aux Etats-Généraux, à l'Assemblée législative et à la Convention nationale ;*

3° Quelques lettres inédites, dans lesquelles se reflètent l'âme, la pensée, la bonté, la fermeté et le caractère de *J.-B. Salle ;*

4° L'analyse complète d'une tragédie en 5 actes sur *Charlotte Corday*, dont, en 1864, nous a fait hommage un savant bibliophile, M. Georges Moreau-Chaslon.

Ces œuvres littéraires (composées dans le

galetas de St-Emilion (Gironde), où J.-B. Salle vivait ignoré et caché quelque temps avant sa mort), généralement peu connues, seront un régal pour les lettrés, et une source de jouissances patriotiques pour tous.

5° Une autre analyse, avec de nombreuses citations, de *l'Entrée de Danton aux Enfers*, satyre poétique pleine de verve et d'entrain.

Puissiez-vous, chers et honorés compatriotes, joindre vos efforts aux nôtres, afin d'exaucer, bientôt, l'un des derniers vœux de J.-B. Salle qui « est mort dans l'espoir que « l'estime publique, un jour, lui serait rendue. »

Hâtons-nous donc, de lui témoigner toute cette estime publique, en fêtant dignement *le Centenaire de sa mort, le 19 Juin 1894, à Vézelise* (Meurthe-et-Moselle) !......

J.-B.-V. SALLE,

Petit-neveu du Girondin.
Chevalier de la Légion d'honneur.
Officier d'Académie, etc.
Vétérinaire chef de l'armée, en retraite.
Né à Vézelise en 1826.

CHAPITRE PREMIER

ORIGINE ET GÉNÉALOGIE DE J.-B. SALLE

ORIGINE DE LA FAMILLE SALLE

Selon toutes probabilités, les parents du Girondin J.-B. Salle, durent se marier de 1715 à 1720, en pleine époque de la Régence dissolue du duc d'Orléans, pendant la minorité de Louis XV; époque où le cynisme de la conduite, comme celui de la pensée, s'affichait tout haut.

Cette honteuse décadence n'était pas encore alors *descendue* jusque dans l'humble bourgade de *Vézelise*, qui vivait honnêtement et tranquillement, sous le sage gouvernement des *Ducs de Lorraine* ; aussi, les parents du Girondin, sans souci des désordres militaires et financiers du moment, travaillaient-ils avec ardeur pour élever leur nombreuse famille qui s'accroissait, chaque année, avec non moins d'ardeur.

En effet, le couple primitif de la famille du Girondin fut Jean Salle, *marié en 1757 à* Barbe Dumont, *qui eut huit enfants,* savoir :

1° Jean-François-Xavier ;
2° *Jean-Baptiste* (le Député) ;
3° Antoine ;
4° Barbe ;
5° Thérèse ;
6° Françoise (célibataire) ;
7° Rose (célibataire) ;
8° X... (femme Gramecin).

Soit 3 garçons et 5 filles.

§ II

GÉNÉALOGIE DU GIRONDIN

J.-B. SALLE, médecin à Vèzelise, né en 1760 ; marié à C. POINSIGNON : *eut trois enfants :*

I. CAROLINE, mariée à CONTAL ; 2 enfants :

    Alphonse, marié à *A. Bernard*, 1 fils : *Edmond.*

    Victoire, mariée à *Raguel* ; 1 fils : *Fernand.*

NOTA. — M. le docteur *A. Contal*, de Nancy, est donc le petit-fils ; et sa sœur, Mme *Raguel*, la petite-fille du Girondin.

II. *Jean-Baptiste*, aide-de-camp du Cte Belliart,
       gouverneur de Madrid, assassiné en 1810.
III. X..., enfant mâle, mort en bas âge.

En sorte que, la mort prématurée des deux
fils du Girondin, a été la cause première de l'*ex-
tinction prochaine* de la lignée des *Salle de Vèzelise* ; il ne reste plus, en effet, aujourd'hui, que
trois héritiers du nom.

A. — Descendance patronymique.

1° *Jean-Baptiste-Victor Salle*, fils d'Antoine
Sigisbert, ex-percepteur à Vèzelise ; fils de *Thérèse, sœur du Girondin*, et de Sigisbert François ;

2° *Alfred Salle*, fils de Prospert, orfèvre ; fils
d'*Antoine, frère du Girondin*; célibataire. (*Petits
neveux*).

B. — Arrière-petits-neveux de J.-B. Salle.

3° Le docteur *Georges-François-Sigisbert Salle*,
fils de *Jean-Baptiste-Victor*, marié, sans enfant ;
arrière petit-neveu ;

4° La sœur du docteur, *Denise Salle*, en religion *Sœur Marguerite, fille de la Charité*.

C. — Descendance par alliance.

Elle est encore assez nombreuse, mais fort disséminée ; et comme il n'y aurait peut-être pas intérêt réel pour le lecteur, à connaître toutes les arcanes de cette filiation, nous passerons outre.

Cependant, nous ne pouvons ne pas citer *les petites nièces, du nom de Salle,* mariées et existant encore à ce jour :

1° *Louise-Barbe Salle* — fille d'Antoine-Sigisbert, *fils de Thérèse, sœur du Girondin* (mariée à A. Diot, de Nancy, Directeur des Contributions directes à Constantine) ;

2° *Léonie Salle*, fille de Constant — fils *d'Antoine, frère du Girondin* — (veuve de Georgé d'Epinal, demeurant à Vézelise) ;

3° *Clarisse Salle* — fille de Prospert — *fils d'Antoine,* frère du Girondin — (mariée à *Vuillemin,* habitant Lyon.

C'est ici le moment d'appeler l'attention des historiens futurs et des rééditeurs des œuvres des historiens passés *sur l'orthographe du nom de SALLE !*

Si la grammaire française nous enseigne que
les noms propres n'ont pas d'orthographe, l'histoire impartiale ne permet pas tant de liberté ;
c'est pourquoi je proteste hautement contre l'orthographe usuelle du nom du Girondin, que
l'on écrit SALLES, avec un S final, alors qu'*il
doit s'écrire SALLE, sans S final*.

Prière de ne pas renouveler cette erreur dans
l'avenir.

§ III

SOUVENIRS DE JEUNESSE

Avant de continuer cette notice, que l'on
veuille bien me permettre d'évoquer quelques
souvenirs de jeunesse qui justifieront, aux yeux
du lecteur, la source de l'ardeur dont je suis
animé pour poursuivre et atteindre mon but !...

« Je me rappelle parfaitement ma *grand'mère
Thérèse, sœur du Girondin*, décédée en 1835 ;
elle savait si bien m'intéresser, en me racontant
souvent les péripéties de la mort de son pauvre
frère le Député ! J'étais bien jeune alors ! mais
je fus tant de fois terrorisé et impressionné par
ses récits palpitants que, malgré ces cinquante

ans, écoulés depuis, le souvenir m'en est resté aussi vivace !

Et ces racontars d'une bonne vieille grand'-tante *Rose* ou *Rosette, sœur du Girondin*, je ne les ai pas oubliés non plus ! Elle aussi, me tenant sur ses genoux, me répétait souvent cette lamentable histoire de son malheureux frère, tué si jeune par la Révolution qui lui avait coupé le cou ! Je n'y comprenais pas grand'chose, il est vrai, mais combien cela frappait ma jeune et malléable intelligence !....

Et quand je voyais la belle et noble tête de *la fille chérie de J.-B. Salle, Madame Caroline Contal* (mère de M. le docteur A. Contal, de Nancy), cela me faisait une impression indicible ; et, tout ému, je reconstituais, à ma manière, le drame de 1794 !.....

C'était encore mon père et ma famille qui, souvent, m'entretenaient des terribles évènements de *nonante-trois !* comme l'on disait encore il y a cinquante ans !.....

Comment aurais-je pu oublier ces souvenirs d'enfance !.....

Qui m'eût dit alors, et depuis... voire même jusqu'à ces derniers temps !.... que j'entreprendrais, un jour, la rédaction d'une notice historique sur *J.-B. Salle ?*.....

CHAPITRE II

J.-B. SALLE ÉTUDIANT EN MÉDECINE
SES ÉLECTIONS A L'ASSEMBLÉE LÉGISLATIVE
ET A LA CONVENTION NATIONALE

§ Ier

J.-B. SALLE ÉTUDIANT

J.-B. Salle est né à Vézelise en 1760 ; il était *médecin* dans cette ville, avant la Révolution ; il fit ses études à Nancy pendant la période de l'avènement de Louis XVI au trône et celle de la déclaration de guerre à l'Amérique, guerre qui avait mis en avant *Lafayette*, précurseur de l'indépendance et de la liberté des Etats-Unis.

Aussi, dès cette époque, la jeunesse contemporaine se sentait-elle déjà animée de ce souffle qui, quelques années plus tard, devait bouleverser la France !

D'autre part, la mort récente (1777) de *Rousseau* et de *Voltaire*, faisant revivre leurs idées qui ont devancé et fait éclore la Révolution, donna à la jeunesse des Ecoles de Nancy des allures d'indépendance et d'idées démocratiques, avantcoureurs des causes qui préludèrent à l'ouverture des Etats-Généraux.

J.-B. Salle, en particulier, se signala de bonne heure, par l'ambition qu'il avait de servir l'humanité, non seulement comme médecin, mais comme citoyen rempli du plus pur esprit démocratique.

§ II

J.-B. SALLE MÉDECIN A VÈZELISE EN 1786

Il revint à Vèzelise, dès qu'il eut reçu son *brevet de médecin* ; il s'y maria en 1787 avec dame *Catherine-Charlotte Poinsignon,* alors âgée de 27 ans environ.

Nous retrouvons *J.-B. Salle,* en 1786, médecin *stipendié* de l'hôpital de Vèzelise ; nous avons, sous les yeux, une longue demande motivée qu'il adresse aux officiers municipaux et de police, à l'effet d'obtenir *une sage-femme* dont la place était vacante.

Nous analysons cette demande qui démontre la droiture de son jugement et sa perspicacité :

« .... Il faut d'abord des secours suffi-
« sants pour les accouchements ; et puis, vous
« n'ignorez pas que si la vie des mères de fa-
« mille importe au bien-être de leurs maris et

« à l'avantage de leurs enfants, celle des enfants
« importe plus encore à l'avantage de l'Etat,
« puisqu'ils en sont l'*espérance*.

« Il y a bien une sage-femme nommée par
« M. le curé, suivant la forme prescrite, disent
« les prêtres, par le rituel ; mais elle n'agrée
« pas au public ; employer cette femme sera, à
« coup sûr, plus funeste aux mères, par son
« ignorance, que si les mères, dénuées de toute
« espèce de secours, étaient forcées de confier à
« la nature le travail entier ; *car le faux savoir*
« *et la sotte suffisance, dans tout ce qui a rapport*
« *dans l'art de guérir, sont les fléaux les plus ter-*
« *ribles de l'humanité.*

« Pourquoi les curés sont-ils chargés du soin
« de faire l'élection des matrones ? Cela appar-
« tient seul aux médecins et chirurgiens qui
« s'intéresseront plus à la sage-femme qu'ils au-
« ront choisie, que si elle avait été tumultueuse-
« ment *élue dans une assemblée de femmes qui se*
« *laissent prévenir, qui ne savent ce qu'elles veuil-*
« *lent et qui ignorent, plus pleinement encore, ce*
« *qui leur convient.*

« Les chirurgiens peuvent, il est vrai, tenir
« lieu d'une matrone ; mais ceux-ci, mettant à
« leurs opérations un prix plus élevé que les

« matrones, ils ne sont pas à la portée de tout
« le monde ; et, les femmes qui sont le plus en
« état de payer, sont presque toujours les moins
« disposées à se laisser accoucher par des chi-
« rurgiens ; et le *sentiment de pudeur*, qui les fait
« penser ainsi, est trop essentiel au sexe pour
« n'être pas traité avec ménagement.

« Dans les cas d'épidémie vous appelez, dans
« Vèzelise, *un frère hospitalier de St-Jean-de-Dieu*
« pour y faire la médecine des pauvres ; à cet
« égard, j'ignore les règlements du souverain ;
« mais, ce que je sais, c'est que les frères de
« St-Jean-de-Dieu n'*ont aucune école de médecine*
« et ne *sont que les infirmiers de leurs hôpitaux* ;
« ils ne doivent donc pas aller, dans les villes,
« pratiquer un art qu'ils n'ont jamais appris.

« Dans les villes où il y a un médecin sti-
« pendié, le rôle du frère de St-Jean-de-Dieu doit
« se borner à accompagner le médecin à la visite
« des malades ; de recevoir ses ordonnances ; de
« les remplir et de donner aux malades les soins
« qui leur sont prescrits par leur règle, etc.

« SALLE. »

Doué d'un esprit fin, délié, primesautier, observateur, et d'un grand amour pour sa profes-
sion, il fit tous ses efforts et employa tout son
dévouement à rendre la médecine plus généreuse et plus efficace ; *J.-B. Salle*, en un mot,
était déjà *une notabilité marquante*, appelé à
marcher à la tête de son pays.

§ III

SON ÉLECTION AUX ÉTATS-GÉNÉRAUX ET A LA CONVENTION NATIONALE

Les évènements politiques et les idées pro-
gressistes de *J.-B. Salle*, marchant parallèlement,
il arriva tout naturellement qu'en 1789 le Tiers-
Etat de Nancy le nomma son Député aux *Etats-
Généraux*, où il se montra partisan des réformes,
mais avec sagesse et modération. Il avait alors
28 ans à peine !

Son mandat fut renouvelé en 1792 où il fut
appelé à siéger à la *Convention Nationale*, de
grande et triste mémoire !

C'est à tort qu'on a représenté ce jeune homme
capable des plus déplorables intrigues ; sa vie
politique, toute entière, a prouvé le contraire ; on
l'a présenté aussi comme faible de caractère et

se prêtant volontiers aux imaginations de *Louvet*
qu'il surpassa même, dit-on, en suppositions de
complots (Thiers).

C'est là une autre erreur encore ; car les complots qu'il dénonça à la tribune n'étaient point,
hélas ! imaginaires.

Salle a aussi été accusé de faiblesse de caractère, d'irrésolution, d'indécision ; il eût été plus
juste de dire qu'il donnait son avis, avec un
solide bon sens et une noble fermeté, dans toutes les Commissions d'intérêt général où il se
trouva mêlé.

§ IV

TRAVAUX PARLEMENTAIRES ET DIVERS

J.-B. Salle fut un orateur ardent, convaincu ;
on cite de lui, par exemple, un discours énergique qu'il prononça, en Juin 1791, contre ceux
qui voulaient enlever l'*inviolabilité à Louis XVI,*
discours dans lequel on remarque cette phrase,
qui lui fut tant reprochée :

« *On me poignarderait plutôt, que de me faire*
« *souffrir que le gouvernement passât entre les*
« *mains de plusieurs.* »

Ce n'est pas là de la faiblesse de caractère !

Pour expliquer la profondeur de cette phrase, il faut bien reconnaître qu'alors (Juin 1791) les idées de République étaient encore bien timides ; ce n'est que plus tard qu'elles firent leur chemin, sous la motion de l'*abbé Grégoire* (le 22 Septembre 1792) ; si *Salle* accepta cette nouvelle forme de gouvernement, c'est qu'il fut convaincu de *sa nécessité* qui s'imposait !

Il serait trop long, pour le cadre restreint de cette notice, d'analyser même tout ce qu'a fait et dit J.-B. *Salle*, soit à la Constituante, soit à la Convention ; c'est pourquoi nous engageons le lecteur, désireux de s'instruire sur ce point, à consulter la *réimpression de l'ancien Moniteur, rédigée et collationnée par M. A. Ray* (Tome XXXI, page 418), qui donne sur Salle tous les renseignements désirables. (Voir *Appendice*.)

Cependant, bientôt nous allons donner, *in-extenso*, le compte rendu du rôle si considérable qu'a joué *J.-B. Salle* dans le procès du roi Louis XVI.

Salle fut non seulement orateur, mais il a fait encore diverses publications :

1° Ses essais pour faire rapporter le décret par lequel la Convention se constituait juge de Louis XVI ;

2° Dénonciation de Marat ;

3° Discours sur un projet d'organisation du Ministère de la guerre ;

4° Opinions, en 1791, sur les projets de Convention nationale, dont il ne voulait pas alors ;

5° Sur la procédure de Louis XVI et sur les évènements du 21 Juin ;

6° Recherches sur les agents et les moyens de la faction d'Orléans ;

7° Lettre à *Geoffroy* et à *Dubois-Crancé*, ses collègues, portant pour épigraphe : « Quand on « voit son ami parmi les assassins, il ne reste « plus qu'à s'envelopper la tête dans son man- « teau ! »

8° Observations sur cette lettre dénoncée à la Convention ;

9° Réponse aux calomnies prononcées contre lui, par Robespierre, à la Convention ;

10° Examens critiques de la Constitution de 1793 ;

11° Ses accusations contre le Maire de *Saint-Amand* ;

12° Enfin, sa lettre si belle et si noble écrite à sa femme avant sa mort. (V. *Appendice*.)

À cette nomenclature écourtée, ajoutons ses *œuvres poétiques*, inédites ou du moins bien

peu connues ; à la fin de cette notice, *en appendice*, nous en faisons une intéressante analyse.

A propos du *Maire de St-Amand*, cité plus
haut, je relève dans une biographie anonyme,
datant de 1814, la note suivante :

« *J.-B. Salle* a accusé de trahison le Maire de
St-Amand ; ce maire n'était autre qu'*Antoine*,
lieutenant-général du baillage de Boulay, Cons-
tituant, maire de Metz. Envoyé ensuite dans le
département de la Meurthe, il y commit des
exactions sans nombre.

« Il fut accusé par *Salle* d'avoir volé, pillé, etc.;
il revint à Metz, par congé. Il tomba malade et,
en mourant (1793), il légua tous ses biens à la
nation, pour *faire taire Salle !* »

Ce trait prouve la fermeté de caractère de
Salle qui n'a jamais été irrésolu, ni craintif, ni
hésitant, comme on l'a prétendu.

On a encore reproché à *Salle* d'avoir été chaud
partisan des Sociétés jacobines ; pourtant cela
n'a été que de courte durée, car il fut bientôt
édifié sur le rôle désastreux des Jacobins ; il

s'en retira pour marcher désormais sous la bannière des Girondins.

Malgré ces reproches discutables de l'histoire, le représentant comme un factieux, il n'en reste pas moins que pendant les huit mois qu'il fut membre de la Convention, *Salle* combattit constamment les anarchistes, qu'il dénonça Marat et les siens et qu'il poursuivit les assassins de Septembre. Cette conduite honnête est-elle donc celle d'un factieux ?

§ V

GIRONDINS ET MONTAGNARDS

Un mot maintenant sur *les Girondins*, glorieuse et importante fraction de la Convention que présida *Vergniaud* (de la Gironde), leur chef de parti.

Les *Girondins*, sous la Législative, furent ardents à frapper les nobles, à proscrire les prêtres et à défier les Rois ; mais, sous la Convention, ils s'amendèrent considérablement.

Cependant, bientôt ils furent débordés par les *Montagnards* (Danton, Marat, Robespierre, etc.) qu'animait un fanatisme révolutionnaire, indomptable et dont *la logique fut d'acier*, dit Louis Blanc.

Quelles qu'aient été les accusations des Montagnards contre les Girondins, il n'est que trop juste de dire que leur cri de *Vive la République*, poussé sous le couteau des proscripteurs, rend, de leur sincérité, un immortel témoignage de pur civisme.

Les *Girondins* voulurent la lutte pour conserver le pouvoir ; *Danton* prêcha la conciliation ; *Robespierre* fut même modéré vis-à-vis d'eux ; mais, soit par défiance (*Salle* juge ainsi les Montagnards dans sa tragédie de *C. Corday* — voir *Appendice*), soit par confiance dans leur talent, les Girondins refusèrent toutes avances et toutes ouvertures qui leur furent faites.

« *Salle* fut aussi inflexible que Barbaroux, aussi soupçonneux que Robespierre ; il était doué de clairvoyance et d'une grande élévation de sentiments. » (L. BLANC.)

Dans toutes ces luttes de *Pouvoir*, avec les Montagnards, les Girondins ne furent point assez sages pour faire le sacrifice de leurs passions personnelles.

Ces luttes entrèrent dans la période d'acuité, pendant le procès du Roi, qui fut bientôt suivi de *la chute et de la proscription des Girondins*, ainsi que nous allons le voir au chapitre suivant.

La conduite de J.-B. Salle, dans ce procès inoubliable à jamais, a été telle, en se faisant *quatrième* défenseur de Louis XVI, que l'on ne pourra que reconnaître l'héroïsme de son courage, la grandeur et la noblesse de ses sentiments politiques exposés en jurisconsulte savant et convaincu.

Nous avons reproduit textuellement le thème argumenté de ses appréciations en faveur du Roi; et surtout son *vote motivé* avec sagesse et *fermeté !*

CHAPITRE III

J.-B. SALLE FAIT TOUS SES EFFORTS POUR SAUVER
LA TÊTE DE LOUIS XVI

GIRONDINS ET MONTAGNARDS SONT DIVISÉS

Les Girondins admettaient que le Roi était coupable et qu'il devait être jugé ; mais devait-il être *condamné à mort ?* Ils hésitaient par compassion ; les Montagnards, au contraire, voulaient, *par la mort du Roi, anéantir, du même coup, la Royauté !*

Le 13 Novembre 1792 s'ouvrit le procès du Roi sur sa culpabilité, appréciée par le rapport de *Mailhe.*

C'est alors qu'apparut, pour la première fois, *St-Just*, disant à la tribune de la Convention « que le Roi devait être jugé, non comme ci- « toyen, mais en ennemi ; et que ce jugement « ne doit pas être soumis à la sanction du peu- « ple, car le peuple même ne peut effacer le « crime de la tyrannie. »

Puis, parurent à la tribune *Fauchet, Robert,*

Rozet et l'*abbé Grégoire*, soutenant que l'inviolabilité était un crime monstrueux.

A. — Dilemne de Robespierre.

Toute décision fut ajournée jusqu'au 3 Décembre. *Robespierre*, le premier, développa ce dilemne :

« Ou, Louis est coupable ; ou, la République
« n'est pas absoute.
« Les colères d'un peuple sont infaillibles ; les
« peuples ne jugent pas comme les Cours judi-
« ciaires ; ils ne rendent point de sentence, ils
« lancent la foudre ! Louis doit périr plutôt que
« cent mille citoyens vertueux : Louis doit périr,
« parce qu'il faut que la Patrie vive ! »

B. — La mise en jugement est décidée.

Ce fut ce discours qui fit pencher la balance du côté de la mort !

Le 11 Décembre, le Roi fut extrait du Temple pour comparaître à la barre de la Convention ; la mise en jugement fut décidée ; *Tronchet*, *Malesherbes*, *de Sèze* demandèrent à être les défenseurs du Roi.

C'en était fait ! Louis XVI serait guillotiné !

« La Révolution n'avait-elle donc d'autres
« moyens pour braver ses ennemis ? La Répu-
« blique eût-elle été moins grande, étant plus
« généreuse ?. . » — (L. Blanc.)

§ II

DÉBATS SUR L'APPEL AU PEUPLE

Le 26 Décembre, le Roi était traduit, pour la
deuxième fois, à la barre de la Convention.

De Sèze, jeune avocat de Bordeaux, présente
sa défense, par un appel aux sentiments généreux de l'Assemblée ; il discute l'inviolabilité
qui était le propre du pouvoir royal et qui cou-
vrait les faits que l'on reprochait au Roi qui,
toujours, aima le peuple. « Je m'arrête devant
« l'histoire, dit *de Sèze* en terminant ; songez
« qu'elle jugera votre jugement et que le sien
« sera celui des siècles. »

Le Roi prit ensuite la parole, déclarant que
sa conscience ne lui reprochait rien !.........
. . . .

Après le départ du Roi, grand tumulte dans

l'Assemblée : *Lanjuinais*, contestant la qualité de juges à des législateurs, adjure la Convention de ne pas juger Louis XVI, mais de décréter simplement « *qu'elle prononcera sur son sort.* »

Sur la proposition de *Couthon*, la Convention décrète que « la discussion, sur le jugement, « continuerait jusqu'à ce qu'il fût prononcé. »

Malgré cette décision, *Lanjuinais*, SALLE, *Pétion* reviennent sur leur décision, à savoir : « *que des législateurs n'étaient pas des juges !* » et le tumulte de recommencer.

Le lendemain, 27 Décembre, *St-Just* proteste violemment, disant « *que s'il ne voulait pas qu'on jugeât Louis XVI, c'est qu'il ne pouvait concevoir qu'on hésitât à le frapper.* »

Cependant, les Girondins étaient fortement et secrètement animés du désir de sauver Louis XVI, en l'arrachant à la mort. C'est pourquoi Roland posa les deux questions suivantes :

1° « *N'est-il pas incontestable que le peuple, comme souverain, a le droit de faire grâce à Louis Capet ?* »

2° « *Et comment pourra-t-il exercer ce droit, s'il n'est consulté ?* »

Vains efforts, hélas !

§ III

PROPOSITIONS DE J.-B. SALLE ·

Ce fut *J.-B. Salle* qui, LE PREMIER, posa, dans la séance du 27 Décembre, *la question de* L'APPEL AU PEUPLE !

« Il fit observer à la Convention qu'elle ne « pouvait reconnaître sa propre compétence, sans « affronter une alternative redoutable :

« 1° *Absoudrait-elle Louis XVI ?* . . . . .

« Quelle source de discordes ! Quelle carrière « ouverte aux commentaires des âmes soupçon- « neuses, aux reproches des esprits ardents ! « Quel prétexte fourni aux fauteurs de révoltes « populaires ! Et, dans le seul fait de l'impunité, « quel scandale !

« 2° *La Convention condamnerait-elle Louis* « *XVI ?*... Il faut alors s'attendre à voir sa mé- « moire honorée comme celle d'un martyr.; ses « prétentions léguées à des princes plus dange- « reux que lui, et la haine de son crime, tôt ou « tard remplacée dans les cœurs, par la pitié qui « se marierait au souvenir du supplice.

« *Le plus sûr était donc de* RENVOYER AU PEUPLE

« le choix entre les deux peines suivantes : LA
« MORT *ou* L'EXIL, *jusqu'à la paix générale !* »

A ces considérations, *Salle* en ajouta une, qui
mérite d'être pesée :

« N'est-ce pas une chose bien surprenante,
« dit-il, que le silence des Rois dans des cir-
« constances si graves ? Croirons-nous, parce
« qu'ils se taisent, qu'ils sont indifférents sur
« le sort d'un de leurs semblables ? Non ! ils
« ont des vues plus profondes !

« Ce n'est pas Louis qu'ils veulent sauver,
« *c'est la Royauté !* Le supplice de Louis est né-
« cessaire à leur système, *ils veulent sa mort !* »

Rien d'aussi frappant n'avait encore été dit
contre l'application de la peine capitale à Louis
VXI ; ce fut, de la part de *Salle*, une observation
digne de son génie pénétrant.

Et, en effet, l'histoire nous a appris que, « pour
« l'Etranger, le Roi importait peu ; et que, pour
« *l'Angleterre, le sort des individus de la maison*
« *de Bourbon ne l'intéressait que fort secondai-*
« *rement ; c'est la France révolutionnaire, seule,*
« *qu'elle combattait !* »

La vérité est donc que l'infortuné Louis XVI
fut abandonné si complètement de ses confrères

couronnés, qu'on les peut soupçonner d'avoir fait entrer dans leurs calculs contre-révolutionnaires *l'impression de pitié ou d'effroi* que sa mort produirait en Europe. (L. BLANC.)

Et dire que les sectaires de la Convention, dans leur rage d'immoler, de tuer, n'ont pas compris cette situation politique !

Louis XVI devait mourir ; IL FALLAIT QU'IL MOU-RUT ; IL MOURRA !

Cependant, le débat sur *l'Appel au Peuple* continua après le dilemne logique et serré posé par SALLE ; *Buzot* et *Rabaud St-Etienne* prirent ensuite la parole, sans avoir, hélas ! le pouvoir d'ébranler la conviction de la majorité de l'Assemblée, qui fut bientôt entraînée par une violente réplique *contre l'Appel au Peuple !*

Cette discussion, *qui pour, qui contre*, dura encore trois jours ; ce qui prouve l'importance et la profondeur des vues ultérieures de *Salle* qui peut, à bon droit, être considéré comme l'un des défenseurs de *Louis XVI !* . . . .

§ IV

APPEL NOMINAL

L'énoncé des questions à résoudre fut fixé au 14 Janvier 1793 !

Ce 14 Janvier donc, à 8 heures du soir, l'Assemblée décida, selon la motion de Danton, que la majorité requise, pour avoir force de loi, serait la *majorité absolue*. (Lanjuinais avait demandé qu'elle fût des *deux tiers des voix*.)

A ce moment commence l'*appel nominal pour le vote* ; et les mots : *la mort, l'exil, l'emprisonnement*, se succédant alternativement, faisaient une lugubre impression dans cette salle haletante et mal éclairée.

A l'appel de *Vergniaud*, chef des Girondins, président de la Convention, la salle tressaille... Quelle décision va-t-il prendre ?....

D'une voix ferme, *Vergniaud* dit : *La mort !* puis il ajouta que, si son opinion prévalait, on discutât cette question :

« *L'exécution sera-t-elle différée ?* »

Il voulait sauver le Roi.

Beaucoup de Girondins votèrent *la mort*, d'autres, *la réclusion* ou *la détention*.

A. — Le vote motivé de J.-B. Salle.

1° *Sur l'Appel au Peuple :*

« Comme nous avons limité nos pouvoirs ;
« comme nous ne sommes que mandataires ;
« comme nos décrets doivent être soumis à la
« sanction du peuple ; comme il est impossible
« de méconnaître sa souveraineté ; comme nous
« avons tout à craindre des factieux ; comme
« nous sommes à la veille d'une guerre, je pense
« que le seul moyen de donner au peuple une
« attitude républicaine, c'est de le faire interve-
« nir dans cette cause. JE DIS OUI !

2° *Sur la peine à infliger :*

« Vous avez rejeté la ratification, par le peuple,
« du décret qui serait prononcé contre Louis ;
« mais mon opinion n'a pas changé, car les
« opinions sont indépendantes de vos décrets !
« Ce n'est pas que je craigne la responsabilité !
« Si j'étais juge, je prononcerais *la mort* ; mais
« je suis législateur ; rien ne peut m'ôter ces
« fonctions, ni me forcer à les cumuler avec
« d'autres incompatibles.
« Si *Louis* meurt, les chefs de parti se mon-
« treront.

« *Louis* est, au contraire, le prétendant qui
« pourra dégoûter, le plus, le peuple de la royauté.

« J'ai donc fait, sans peine, mon choix entre
« les deux opinions qui vous sont soumises,
« parce que vos adversaires mêmes me l'ont
« dicté. Ils m'ont dit : Ne renvoyez pas au peu-
« ple, parce qu'il ne voterait pas pour la mort !
« Mais, moi, je ne veux prononcer que comme
« le peuple ; vous-mêmes m'avez dit que la loi
« n'a de caractère qu'autant qu'elle est l'expres-
« sion de sa volonté.

« Je demande que Louis soit détenu jusqu'a la
« paix.

« Je suis d'avis du sursis ! »

Dans cette même séance du 27 Décembre,
Salle posa ces deux hypothèses :

« Louis sera condamné à mort, ou il ne le
« sera pas, par jugement de la Convention ; et,
« dans ces deux cas, il ne voit que danger, que
« résultat funeste.

« Il n'est qu'un seul moyen de les éviter, c'est
« que la Convention, après avoir déclaré le fait,
« que Louis est coupable, renvoie au peuple
« *l'application de la peine*. (On murmure).

« Et, d'abord, citoyens, je vous pose ce di-

« lemne : Ou, la nation veut que Louis meure —
« ou, elle ne le veut pas. Si elle le veut, vous
« tous qui le voulez aussi, votre attente ne sera
« pas trompée ; si elle ne le veut pas, de quel
« droit l'emmenez-vous au supplice contre le
« vœu de la nation ?

« Il n'y a que deux questions à proposer :

« *Louis mourra-t-il?*

« *Louis sera-t-il enfermé?*

« La réponse du peuple sera la suprême loi ! »

Enfin, il concluait : « Il faut que l'on puisse
« dire, dans tous les temps : *C'est la France en-*
« *tière, et non le peuple de Paris, qui a jugé*
« *Louis XVI !* »

Il nous semble opportun, pour l'honneur de
J.-B. *Salle*, d'opposer à son vote motivé, si sage
et si prudent, quelques votes d'une violence
aussi inouïe qu'irréfléchie :

Robespierre: « Je suis inflexible pour les op-
« presseurs; je suis compatissant pour les oppri-
« més ; *je vote pour la mort !* »

Danton : « On ne frappe les tyrans qu'à la
tête ; *je vote pour la mort !* »

Philippe Égalité : « Ceux qui ont attenté à
« la souveraineté du peuple méritent la mort ;
« *je vote la mort !* »

Et tutti quanti, hélas !

B. — Recensement des votes.

Déjà le soleil se levait, que, après une longue
nuit qu'avait duré ce vote, on ne savait pas encore de quel côté penchait la balance. Et, pendant que l'on continuait à procéder au recense-
ment des votes, voilà que *J.-B. Salle* apparaît
tout à coup à la tribune, tenant deux lettres à
la main : l'une, des défenseurs de Louis ; l'autre,
du Ministre d'Espagne intervenant en faveur du
Roi, missive que *Salle* eut le courage de lire,
au milieu des cris et des vociférations. Danton
fulmina violemment alors, contre l'Espagne au-
dacieuse ; la Convention passa outre.

Le calme rétabli, *Vergniaud,* président de l'Assemblée, proclama le résultat du vote en ces
termes :

« *Je déclare, au nom de la Convention Natio-*
« *nale, que la peine qu'elle prononce contre Louis*
« *Capet, est la MORT !!* »

Cette mémorable séance du 17 Janvier 1793 *avait duré 37 heures !*

La totalisation des votes est fort *variable*, selon tels ou tels auteurs que l'on consulte (?). *L. Blanc donne 53 voix de majorité absolue ; Thiers, 49 ;* des écrivains royalistes, *une voix de majorité ;* un anonyme de 1814, *égalité des voix ;* d'autres, *une voix de moins !* La Convention aurait donc commis un crime ? Et puis, quand même, *une majorité de 53 voix ! tombée dans la balance, n'en est que beaucoup trop légère, pour une cause aussi grave !.....* (E. BLANC.)

Si la Convention, moins aveuglée par sa passion régicide, eût accepté la proposition de *Salle* pour l'*Appel au Peuple*, la France n'aurait pas à son Avoir la mort de Louis XVI !

C. — Votes des Députés de la Meurthe.

Les députés de la Meurthe qui *ont voté* POUR *la mort du Roi, sans condition*, sont :

1° *Bonneval*, cultivateur à Orgevilliers ;

2° *Levasseur*, procureur-syndic du district de Toul ; — à propos de l'*Appel au Peuple*, il dit : « Pour obéir aux vœux de mes commettants,

« pour ne pas leur rendre un hommage déri-
« soire, en leur renvoyant un jugement que je
« dois prononcer, je dis NON ! »

Peine à infliger : « Je vote pour la MORT, comme
« la seule qui doive être appliquée aux conspi-
« rateurs ; point de sursis à l'exécution. »

3° *Mallarmé*, procureur-syndic de Pont-à-Mous-
son. *Il fut d'avis opposé à l'Appel au Peuple :*
« Louis a été cent fois parjure, dit-il ; le glaive
« de la Justice s'est promené trop longtemps
« sur sa tête sans le frapper ; il est temps que
« les représentants de la nation française appren-
« nent aux autres nations que nous ne mettrons
« aucune différence entre un Roi et un Citoyen.
« *Je vote pour la MORT, sans sursis !* »

Ont voté CONTRE, avec appel et sursis :

1° *Mollevaut*, avocat à Nancy ;
2° *Michel* ;
3° *Lalande*, évêque constitutionnel ;
4° *Salle*, médecin à Vézelise ;
5° *Zangiacomi.*

Nota. — De 1793 à 1795, 34 illustrations de
la Meurthe ont été décapitées.

D. — Appréciations politiques.

Il ressort du procès de Louis XVI que, sur les sept cent dix-neuf Conventionnels qui votèrent sa culpabilité, *pas un ne déclara le Roi innocent!* pas même l'un de ses nombreux amis!

Louis XVI ne mourut donc pas martyr ?

Depuis un siècle, l'histoire n'a pas encore élucidé cette question, pas plus qu'elle ne s'est prononcée définitivement, sur le fait de savoir si *sa mort était nécessaire.*

Les Girondins, *J.-B. Salle* surtout, étaient opposés à cette mort ; un de leurs historiens les plus remarquables et les plus consciencieux, le publiciste *J. Guadet*, formule ainsi son opinion :

« Aux Représentants de la nation, agissant
« comme *hommes d'Etat*, et prenant une mesure
« de *salut public*, je dirai : Toute nation a cer-
« tainement le droit de veiller à sa sûreté ; tous
« les peuples, tous les temps ont proclamé la
« maxime *Salus populi suprema lex esto* ; la
« Convention pouvait donc garder Louis XVI en
« otage ; Louis XVI était certainement criminel,
« mais *la politique et la loi devaient garantir sa
« tête !* — (*Les Girondins*, p. 228.)

Une faible majorité de quelques voix a réclamé la tête de Louis XVI; alors qu'une écrasante minorité voulait garantir sa vie (à condition d'exil ou de détention), en soutenant *J.-B. Salle* dans sa proposition d'Appel au Peuple !....

Depuis 1793, le principe de l'Appel au Peuple a été la Charte de 1848, de 1851 et de 1870; *Lamartine, Marie, Arago*, membres du Gouvernement provisoire, le 24 Février 1848, ont dit au peuple qui acclamait la République à l'Hôtel-de-Ville :

« Nous aussi, nous la voulons ! Mais nous
« n'avons qu'un droit, celui de déclarer une
« République provisoire, en laissant au pays, à
« ses 36 millions d'habitants qui ne sont pas ici,
« l'expression de leur volonté souveraine, etc. »

On n'a pas donné raison à *J.-B. Salle*, alors que Lamartine fut écouté !.....

Mais, autres temps, autres mœurs !

Qui sait, si l'on eût écouté *Salle*, ce que l'avenir nous eût réservé ?.....

Cet Appel au Peuple, par *J.-B. Salle*, a eu ses admirateurs et ses détracteurs, c'était inévitable;

mais, pousser l'opposition jusqu'à considérer cette consultation populaire comme un *referendum (dangereux en théorie)*, c'est, croyons-nous, une exagération dans l'espèce ; car, par son but déterminé, cet Appel au Peuple n'a rien de comparable, ni de près ni de loin, avec les Plébiscites de l'Empire.

Quelques historiens, Thiers entr'autres, ont traité *J.-B. Salle* d'homme *sans conviction, sans fermeté de caractère :* c'est absolument erroné et sans fondements sérieux, si nous pouvons en juger, du moins, par *ses lettres* si fermes et si résolues, que nous publions dans l'*Appendice ;* et, si l'on pouvait en douter encore, le compte rendu que nous avons fait de la séance du 27 Décembre 1792 lèverait tous les doutes à cet égard ; car, en effet, il a fait preuve d'une grande fermeté de caractère et d'une conviction inébranlable, pour oser se mettre ainsi *en travers des Conventionnels sanguinaires*, par sa proposition de voter le seul moyen rationnel *d'éviter à sa Patrie le crime du 21 Janvier 1794 !*

Aussi nous répèterons que c'est un grand honneur, pour le *Girondin J.-B. Salle*, d'avoir, le *premier*, proposé l'*Appel au Peuple*, honneur qui rejaillit sur ses descendants et sur la ville de

Vézelise qui l'a vu naître. Et, qu'à ce titre, *Vézelise, Nancy, la Lorraine* toute entière doivent,
par un monument commémoratif, rappeler à la
postérité le patriotisme du Girondin *J.-B. Salle
qui a voulu sauver la tête de Louis XVI!* (Voir
Chap. III, § III, page 55.)

CHAPITRE IV

PROSCRIPTION ET ARRESTATION DES GIRONDINS

§ Iᵉʳ

PÉRIODE RÉVOLUTIONNAIRE

Nous devons, au début de ce chapitre si intéressant, en ce qui concerne *J.-B. Salle*, donner
quelques détails explicatifs sur les causes qui
ont amené la *proscription des Girondins*.

A. — Proscription des Girondins [1].

Du 25 au 28 Mai 1793, les sections de Paris,
sous le titre de *Comité central révolutionnaire*,
s'insurgèrent contre la Convention elle-même,
en se permettant d'incarcérer *Hébert*, premier
adjoint de la commune, rédacteur du journal le
Père Duchesne ; maintes pétitions demandaient
l'élargissement du magistrat populaire ; et le

---

1. Analyse historique empruntée à l'ouvrage de feu
J. Guadet, neveu du Girondin *E. Guadet*, intitulé : *Les
Girondins, leur vie privée, leur vie politique, leur proscription et leur mort*, ouvrage dont m'a honoré M. *H.-A. Guadet*, son fils ; je lui en adresse ici mes plus sympathi-
ques remerciements. — L'AUTEUR.

tumulte allait s'accroissant dans Paris pour obtenir la mise en liberté d'Hébert et d'autres détenus.

Le 29, on recevait, des armées, de mauvaises nouvelles qui accrurent d'autant l'irritation publique.

Le lendemain, 30, les sections somment l'Assemblée révolutionnaire d'élargir les détenus ; d'arrêter les membres tyranniques de la Commission dite des *Douze* ; de saisir enfin, à domicile, les Députés Girondins, traîtres à la Patrie.

Pendant la nuit du 30 au 31, agitation extrême dans Paris, au bruit du tocsin et du canon d'alarme !......

Les Députés se rendent à la Convention, que les sections et les pétitionnaires envahissent ; cette nuit du 31 Mai fut, en définitive, le triomphe de la Commune sur la Convention ; c'en était fait des Girondins suspects !

En effet, bientôt la Convention, sous la pression de la Commune de Paris, rendit le décret suivant :

« La Convention nationale décrète que les Dé« putés, ses membres, dont les noms suivent, « seront mis en état d'arrestation, chez eux, et « qu'ils y seront sous la sauvegarde du Peuple

« Français et de la Convention nationale, ainsi
« que de la loyauté des Citoyens de Paris : *Gen-*
« *sonné— Guadet —Brissot — Gorsas.— Pétion —*
« *Vergniaud —* SALLE *— Barbaroux — Cham-*
« *bon.— Buzot —Biroteau — Lidon — Lasource*
« *— Lanjuinais — Grangeneuve — Lehardy —*
« *Lesage — Louvet — Dutriche — Velazé.* »

Soit, 19 Girondins et la plupart des membres de la Commission des Douze.

De nombreuses protestations de Députés s'élevèrent contre ce décret, parce qu'ils n'avaient pas été libres de prendre part aux délibérations, et qu'ils regardaient, dès lors, ces décrets comme absolument nuls.

Ici finit la vie politique des Girondins. De ces protestations, la Commune de Paris ne tint aucun compte, au point que, le 2 Juin, la Convention nationale était virtuellement dissoute.

Et, le 25 Juillet, les Girondins proscrits furent déclarés, par la Convention, *hors la loi et traîtres à la Patrie!*

Un certain nombre d'entr'eux restèrent dans Paris ; d'autres coururent les départements pour crier vengeance et soulever des armées de volontaires contre Paris; tels, par exemple, *Buzot — Barbaroux - Louvet —* SALLE *— Lanjuinais*, etc.

Lors de leurs excursions dans les départements, les Girondins constituèrent des *Commissions populaires de salut public ;* Bordeaux, Marseille devinrent des centres de résistance à la Commune de Paris ; puis, Lyon et les départements du centre suivirent cet exemple.

§ II

NORMANDIE ET BRETAGNE

Ces deux provinces devinrent des foyers d'opposition à la Commune de Paris, insurgée contre la Convention ; Salle, *Buzot* s'étaient rendus de Paris à Evreux, où ils arrivaient le 2 Juin ; puis gagnèrent bientôt Caen (centre du soulèvement de l'Ouest) où d'autres représentants, *Guadet, Duchatel, Meillan,* etc., ne tardèrent pas à augmenter le groupe de l'opposition.

Le 30 Juin 1793, eut lieu la première réunion de l'*Assemblée centrale de la résistance à l'oppression.*

Le général *Wimpffen* fut mis à la tête des forces armées ; ce fut là un mauvais choix ; car, royaliste avéré, ce général différait totalement d'opinion avec les représentants.

Tout ce bel enthousiasme de résistance fut,

hélas ! de peu de durée ; les troupes et les volontaires, mal commandés, vinrent échouer devant Vierzon et se replièrent sur Caen.

C'est pendant leur séjour dans cette ville que les Girondins connurent *Charlotte Corday* dont ils enflammèrent l'âme ardente ; alors que, déjà, elle songeait à l'assassinat de Marat, assassinat dont *Salle* fut, bien à tort, accusé d'avoir été l'instigateur.

Cependant, chaque jour devenait un danger pour les proscrits qui, Guadet en tête, regardaient Bordeaux comme le rempart de la Liberté républicaine ; cette ville devint leur objectif, vers lequel ils s'embarquèrent.

§ III

RETRAITE DES GIRONDINS VERS BORDEAUX

Les Représentants se retirèrent dans le Finistère, déguisés en soldats et, comme tels, vivant avec la troupe pour éviter les soupçons, ils arrivèrent à Dinan, au nombre de dix : *Barbaroux*, SALLE. *Louvet, Buzot*, etc. ; *Guadet*, resté un instant en arrière, ne tarda pas à rejoindre les fugitifs. Toujours poursuivis, ces malheureux proscrits se cachèrent, soit dans les bois, soit dans des granges, voire même dans les marais ; pieds nus, harassés, sans pain, ils arrivèrent enfin à Quimper.

De là, une barque pontée les emmena, sans incident, jusqu'au Bec-d'Ambez ; ils étaient encore neuf, parmi lesquels on comptait SALLE ; un peu plus tard, *Guadet* s'embarquait à Brest ; bientôt les proscrits furent réunis et tous heureux, car on leur affirmait que la Gironde était au pouvoir de la Convention.

Quelle erreur ! quel désappointement ! car la Montagne l'emportait dans la Gironde, comme partout ailleurs.

A ces tristes nouvelles, les proscrits, réunis au Bec-d'Ambez, furent mis en sûreté par Guadet chez quelques amis ; puis il partit seul pour St-Emilion, sa ville natale, séjour de sa famille, où il espérait bien trouver un abri sûr pour tous les fugitifs.

Pendant l'absence de Guadet, les fugitifs, cachés au Bec-d'Ambez, furent reconnus : que l'on juge, dès lors, de leur inquiétude en ne recevant pas de nouvelles de Guadet !

Guadet leur fait enfin savoir, un peu plus tard, qu'il n'a trouvé qu'une seule personne qui pouvait seulement recueillir deux de ses collègues !

Alors, Barbaroux de s'écrier, désespéré : « *Restons tous, mourons ensemble !* » Puis, se ravisant : « *Non ! partons tous !* »

Ils partirent tous, en effet ; et il était temps, car la maison où ils se cachaient fut cernée peu après par une bande de volontaires armés.

§ IV

A SAINT-ÉMILION

Le 27 Septembre au soir, les fugitifs du Bec-d'Ambez vinrent frapper à la porte de Guadet père, alors âgé de 70 ans, habitant une maison sise à la campagne, en dehors des murs d'enceinte ; son fils, St-Brice, adjudant-général, en disponibilité, sa sœur et deux domestiques restaient avec le père.

Ils furent accueillis avec intérêt et dévouement, tout en leur déclarant qu'il n'y avait, pour eux, aucune sécurité dans cette maison, car on était sur leurs traces ; du reste, nulle part ailleurs, dit Guadet père, il craignait qu'ils ne trouvassent d'abri sûr.

Que faire ? Il sembla qu'il n'y avait plus qu'à
ne pas marcher réunis ; les proscrits s'embras-
sèrent et, une fois encore, ils se séparèrent.

Au nombre de six, ils errèrent autour de
St-Emilion, répandant la terreur, le soir, parmi
les paysans ; c'étaient *Barbaroux, Buzot*, SALLE,
Pétion, Guadet ; Guadet leur guide, leur unique
espoir !

Le 6 Octobre, deux Députés seulement, *Salle*
et *Guadet* se trouvaient à St-Emilion, qui était
occupé par de la cavalerie révolutionnaire ; les
deux proscrits, prévenus à temps, purent se
sauver ; aussi, les perquisitions n'aboutirent-
elles à rien ; seulement, la maison de Guadet
fut placée sous la surveillance active de deux
hommes, en permanence de jour et de nuit.

Cependant *Salle* et *Guadet* trouvèrent asile
chez *Madame Bouquey*, sœur de Guadet père ;
puis, *Barbaroux, Buzot* et *Pétion* arrivèrent aussi
chez Mme Bouquey qui les avait invités, en secret, à venir se joindre à Salle et à Guadet.

« Ceux-ci étaient dans une cachette, à trente
pieds sous terre, à laquelle on n'arrivait qu'en
se laissant glisser à l'intérieur d'un puits, où
l'air se renouvelait difficilement ; aussi les habi-

tants de cet humide souterrain durent-ils chercher une retraite plus saine[1]. » (*Loc. cit.*).

En cette occasion, Mme Bouquey fut vraiment
héroïque et courageuse, pleine de dévouement
et d'abnégation !

(C'est chez Mme Bouquey que Louvet écrivit
ses mémoires).

———

Pendant que nos fugitifs goûtaient un repos
et un calme relatifs, Paris révolutionnaire *con-
damnait à mort* 21 de ces vaillants Girondins qui
étaient restés à Paris.

Ce coup, qui abattit toutes ces têtes, porta le
désespoir et l'horreur à St-Emilion.

(Avant de continuer cet épisodique récit, disons
un mot du remplaçant de Salle à la Convention ;
Collombel était le nom de ce suppléant.

De simple débitant de tabac qu'il était à Pont-
à-Mousson, avant la Révolution, il devint gros
capitaliste à Paris, à la suite de gains illicites

---

1. Cette maison de Mme Bouquey est aujourd'hui occu-
pée par un établissement des Frères de la Doctrine
chrétienne ; on a établi un escalier spécial qui conduit
le visiteur dans cette chambre souterraine des proscrits.
(L'AUTEUR.)

dans l'entreprise des fournitures des hôpitaux des armées.

Ce suppléant n'honora point son prédécesseur).

————

..... Les Représentants étaient encore chez Mme Bouquey, dont la bonté et le dévouement ne faillirent pas un instant ; cependant, par prudence, ils durent se diviser en deux sections : *Buzot*, *Barbaroux* et *Pétion* se dirigèrent vers les Landes ; *Guadet*, SALLE et *Louvet* se cachèrent dans les carrières de St-Emilion, en attendant un abri sûr, qu'on leur avait promis ; car, partout, on leur répondait: « *Impossible de vous recevoir !* »

La fatigue, le dépit, la faim, les inquiétudes, la pluie, tout contribua à rendre *Louvet* bien malade ; il ne veut plus de cette vie errante ; il quitte ses amis et, seul, à tout hasard, il retourne à Paris.

SALLE et *Guadet* revinrent à St-Emilion, chez le père Guadet, dont la maison n'était plus surveillée ; et quant à *Buzot*, *Barbaroux* et *Pétion*, partis, on se souvient, vers les Landes, ils reprirent le chemin de la maison de Mme Bouquey, qui les accueillit avec joie et plaisir.

Les Royalistes ont accusé les Girondins de s'être vendus aux puissances étrangères: *Buzot*, en ses mémoires, réfute hardiment, avec une logique serrée, cette lâche accusation, en décrivant le dénument absolu dans lequel ils se trouvaient tous; c'est ainsi que, de SALLE, il dit :

« .... *Salle* est encore moins fortuné que « nous; il a laissé les 300 livres qu'il possédait « dans une ville de Bretagne, où un pieux ecclé- « siastique voulut bien les garder. A Quimper, « il manquait de tout ; un ami lui prêta quel- « ques assignats, dont il lui reste à peu près 80 « livres, avec un mauvais habit et une culotte « tombant de vétusté, qu'il recouvre d'un pan- « talon de grosse toile grise. » (*Loc. cit.*).

(Voir la lettre d'adieux à sa femme, lui déclarant qu'il meurt sans rien lui laisser. — (L'AUTEUR.)

Et c'est ainsi que l'on accuse les représentants fidèles du Peuple Français d'avoir reçu d'immenses richesses de l'Etranger! Eux qui n'avaient rien pour se nourrir, se vêtir ; rien pour mettre leurs femmes, leurs enfants et leurs mères à l'abri de la misère et de la faim!!

On comprendra qu'il y avait un danger réel à ce que les proscrits restassent un plus longtemps dans la maison de Mme Bouquey ; or, il arriva, fort à propos, qu'un homme de bien les recueillit, le *perruquier* TROQUARD ; il les logea dans une grande chambre, sans en ouvrir les fenêtres, sans parler, sans oser même faire du feu, et cela dans la crainte de trahir ainsi leur présence en ce lieu, surtout en l'absence de Troquard ; ce brave homme pourvoyait à leur nourriture et à tous leurs besoins.

SALLE et *Guadet* étaient toujours chez le père de celui-ci où, vivant de l'espérance de rentrer un jour dans la vie publique, ils remplissaient la longueur des jours solitaires par quelques travaux littéraires.

C'est dans le galetas de St-Emilion que SALLE composa une tragédie en 5 actes sur *Charlotte Corday* (Voir *Appendice*), mettant en scène les proscripteurs et les proscrits.

J. Guadet estime (*loc. cit.*) que cette œuvre le recommande par une hardiesse de composition et d'effets dramatiques, à laquelle les esprits n'étaient pas encore habitués.

SALLE composa aussi à St-Emilion un autre drame : *Satan cédant le fauteuil à Marat*, que

J. Guadet entendit toujours ainsi dénommer dans son enfance.

C'est bien certainement le même drame que *M. Moreau-Chaslon* (ignorant sans doute le titre primitif) a édité sous le nom de : *Descente de Danton aux Enfers.* — (V. *Appendice.*)

Terminons ces données si palpitantes d'intérêt, en disant que *Buzot* et *Barbaroux* écrivirent leurs mémoires à St-Emilion, et que Barbaroux, en outre, fit des remarques fort justes sur la tragédie de Salle, remarques que l'auteur analysera bientôt. (V. *Appendice.*)

§ V

DERNIERS MOMENTS DES DÉPUTÉS RÉFUGIÉS
A SAINT-ÉMILION

Tout pliait sous Robespierre, désormais sans rival (Marat et Danton avaient disparu à leur tour) ; un nouveau et sanguinaire tyran, *Jullien*, âme damnée de Robespierre, vint, en Gironde, livrer une guerre à mort aux Girondins proscrits.

Citons, à ce sujet, des détails importants.

DÉTAILS OFFICIELS SUR L'ARRESTATION DE J.-B. SALLE

(Extrait de la *Gazette Nationale* ou *Moniteur Universel* du
10 Messidor An II — Samedi, 28 Juin 1794.

CONVENTION NATIONALE

Séance du 8 Messidor.

Présidence d'ELIE LACOSTE.

Analyse d'une lettre reçue de Bordeaux, lue
à la tribune par le Représentant Jay :

« *Guadet, Salle* et toute leur bande avaient été
« aperçus, il y a neuf mois environ, au *Bec-*
« *d'Ambez* ; puis, ils avaient remonté la rivière
« jusqu'à *Libourne* où Gadet avait été reconnu ;
« d'où l'on supposa que ces conspirateurs s'é-
« taient réfugiés dans les antres immenses des
« souterrains de St-Emilion, dont la famille *Gua-*
« *det* habite les environs.

« *Jullien*, envoyé du Comité de salut public,
« informé de cela, fit cerner immédiatement
« toutes les nombreuses ouvertures des grottes,
« *que l'on faisait fouiller par des chiens.*
« Des agents actifs, n'ayant peur de rien, fu-

« rent mis dans le secret de ces recherches, et,
« une nuit, ces agents et leurs chiens, soutenus
« par de la troupe, cernèrent les carrières de
« St-Emilion et les maisons de Guadet.

« Cette bande sortit glacée des carrières, sans
« avoir rien trouvé, pas plus que dans les mai-
« sons de Guadet ; ces hommes allaient se retirer,
« quand deux d'entr'eux s'aperçurent que, dans
« la maison de Guadet père, *le grenier était moins*
« *long que le rez-de-chaussée* et que, forcément,
« il devait y avoir là-haut une loge, un galetas
« quelconque, n'ayant aucune ouverture appa-
« rente.

« Ces hommes, montés sur le toit, travaillaient
« à découvrir les tuiles de ce côté quand ils en-
« tendirent *le raté d'un pistolet !* »

(Voir la lettre de Salle à sa femme, page 91.)

« Alors *Guadet* et *Salle*, qui étaient cachés là,
« *crièrent qu'ils allaient se rendre !*

« On s'empara d'eux et de tous les gens de la
« maison et furent conduits, sous bonne escorte,
« à Bordeaux. »

———

Salle et *Guadet* étant hors la loi, il ne s'agissait que de constater leur identité : *Quel est ton*

nom? dit-on au premier. — SALLE, *Représentant du peuple !* — Ci-devant, représentant. — *Non ! représentant !* — Cette réponse fit impression...

Quand vint le tour de son collègue : *Je suis Guadet, dit-il, bourreaux, faites votre office ; allez, ma tête à la main, demander votre salaire aux tyrans de ma patrie !*

(Ces réponses ont été communiquées à *J. Guadet* par un contemporain, bien instruit de tous ces faits).

———

Je dois, à l'obligeance de M. le Maire de Bordeaux, communication des renseignements suivants qui compléteront, en les précisant, ceux qui précèdent.

A. — Renseignements privés et inédits.

Le 25 Juillet 1892, je recevais la lettre suivante que me transmettait *M. le Maire de Bordeaux :*

MAIRIE
DE BORDEAUX
——
ARCHIVES DE LA VILLE
——

Bordeaux, le 22 Juillet 1892.

« MONSIEUR LE MAIRE,

« Vous m'avez fait l'honneur de me commu-
« niquer la lettre de M. *J.-B.V. Salle*, relative-
« ment à la mort de *son grand-oncle, J.-B. Salle*,
« Député Girondin, arrêté à St-Emilion, avec
« Guadet, *le 25 Prairial an II, ou 13 Juin 1794*.

« Tous deux furent immédiatement transférés
« dans les prisons de Bordeaux ; *interrogés le 30*
« *Prairial (18 Juin)* au Comité de surveillance et
« traduits le lendemain, *19 Juin, 1er Messidor*,
« devant la Commission militaire.

« Ils ont dû, je pense, *être exécutés le jour*
« *même*, DANS LA CRAINTE D'ÉVASION ; mais le re-
« gistre des décès de cette année-là, conservé à la
« Direction de l'Etat-Civil, *est muet à cet égard*.

« Agréez, etc.

« *L'Archiviste de la ville,*
« Signé : (ILLISIBLE). »

B. — Rectifications.

D'après les renseignements exacts qui précèdent, ce n'est donc pas dans le galetas de St-Emilion que le Girondin *Salle* aurait écrit à sa femme la lettre, devenue historique, si touchante• d'adieux suprêmes, *mais bien exactement la veille de sa mort*, dans la prison de Bordeaux, après avoir subi son interrogatoire devant le Comité de surveillance, alors que, tout angoissé, il se sentait perdu à jamais !

En outre, l'affirmation, invariablement répétée des divers historiens, disant que, arrêté et jugé le 19 Juin 1794, il fut mis à mort *le lendemain*; cette affirmation, dis-je, est une autre erreur, puisqu'il est désormais constant que *J.-B. Salle* a été arrêté le 13 Juin — interrogé le 18 — jugé le 19 Juin et *mis à mort le même jour !*

Du reste, la date de suscription de la lettre à sa femme, *30 Prairial, an II*, concordant avec pareille date, fournie par l'archiviste de Bordeaux, il y a tout lieu de supposer les autres comme étant exactes.

Et, maintenant, je ne puis plus résister au désir d'arracher à l'oubli, les derniers accents et les adieux suprêmes du Girondin qui, dans vingt-quatre heures, hélas ! *ne sera plus !*...

§ VI

LETTRE D'ADIEUX DE J.-B. SALLE A SA FEMME

« Bordeaux, 30 Prairial, An II.

« Quand tu recevras cette lettre, ma bonne
« amie, je ne vivrai..... que dans la mémoire
« des hommes qui m'aiment. Quelle charge je
« te laisse ! Trois enfants, et rien pour les éle-
« ver ! Cependant, console-toi, je ne serai pas
« mort sans t'avoir plainte, sans avoir espéré
« dans ton courage ; et c'est une de mes conso-
« lations de penser que tu voudras bien vivre à
« cause de ton innocente famille.

« Mon amie, je connais ta sensibilité ; j'aime
« à croire que tu donneras des pleurs à la mé-
« moire d'un homme qui voulait te rendre heu-
« reuse, qui faisait son principal plaisir de l'édu-
« cation de ses deux fils et de sa fille chérie.
« Mais pourrais-tu négliger de songer que ta
« seconde pensée leur appartient ? Ils sont pri-

« vés d'un père, et ils peuvent du moins, par
« leurs incessantes caresses, te tenir lieu de
« celles que je ne puis plus te donner !

« *Lolotte* (pour Charlotte), j'ai tout fait pour
« me conserver ; je croyais me devoir à toi et
« surtout à mon pays !

« Il me semblait que le peuple avait les yeux
« fascinés sur les sentiments de ton malheureux
« mari ; qu'il les ouvrirait un jour et pourrait
« apprendre de moi combien ses intérêts m'é-
« taient chers. Je croyais devoir vivre aussi pour
« recueillir, sur le compte de mes malheureux
« amis, tous les monuments que je croyais utiles
« à leur mémoire. Enfin, je devais vivre pour
« toi, pour ma famille, pour mes enfants !

« Le ciel en dispose autrement !

« Je meurs, sans avoir à me reprocher d'avoir
« compromis la sûreté de ma conservation par
« une imprudence ; ma bonne amie, je meurs
« tranquille !

« J'avais promis dans ma déclaration à mon
« département, lors des évènements du 31 Mai,
« que je saurais mourir au pied de l'échafaud.
« Je crois pouvoir affirmer que je tiendrai ma
« promesse.

« Mon amie, ne me plains pas ; la mort, à ce

« qu'il me semble, n'aura pas pour moi des an-
« goisses bien douloureuses : j'en ai déjà fait
« l'essai. J'ai été pendant une année entière dans
« des travaux de toute espèce, je n'en ai pas
« murmuré.

« Au moment où l'on m'a saisi, j'ai dix fois
« présenté sur mon front un pistolet qui a trompé
« mon attente. Je ne voulais pas être livré vi-
« vant. (V. Arrestation, page 85.)

« Toutefois, j'ai cet avantage d'avoir bu d'a-
« vance tout ce que le calice a d'amer, et il me
« semble que ce moment-là n'est pas si diffi-
« cile.

« *Lolotte*, renferme tes douleurs et n'inspire
« à mes enfants que des vertus modestes. *Il est
« si difficile de faire le bien de son pays!* Brutus,
« en poignardant un tyran ; Caton, en se per-
« çant le sein pour lui échapper, n'ont pas em-
« pêché Rome d'être opprimée ! Je crois m'être
« dévoué pour le peuple ; si, pour récompense,
« je reçois la mort, j'ai la conscience de mes
« bonnes intentions. Il est doux de penser que
« j'emporte au tombeau ma propre estime, et
« que, *peut-être un jour, l'estime publique me sera
« rendue.*

« Mon amie, si je ne me trompais pas, tu pour-

« rais alors espérer des moyens suffisants pour
« élever ta famille. Je te laisse dans la misère ;
« quelle douleur pour moi ! et, quand on te lais-
« serait tout ce que je possédais, tu n'aurais pas
« encore de pain ! Car, tu sais, quoi qu'on ait
« pu dire, que je n'avais rien !

« Cependant, *Lolotte*, que cette considération
« ne te jette pas dans le désespoir. Travaille,
« mon amie, tu le peux ; apprends à tes enfants
« à travailler, quand ils seront en âge. Oh ! ma
« chère, *si tu pouvais, de cette manière, éviter*
« *d'avoir recours aux étrangers ! Sois, s'il se peut,*
« *aussi fière que moi !* Espère encore. Espère en
« *Celui* qui peut tout ! Il est ma consolation au
« dernier moment.

« Le genre humain a reconnu depuis long-
« temps son existence et j'ai trop besoin de pen-
« ser qu'il faut bien croire que l'ordre existe
« quelque part, pour ne pas croire à l'immorta-
« lité de mon âme !

« *Il est grand, juste et bon, ce Dieu au tribunal*
« *duquel je vais comparaître !* Je lui porte un
« cœur, si non exempt de faiblesse, du moins
« exempt de crimes et pur d'intention, et, comme
« dit si bien Rousseau : « Qui s'endort dans le
« sein d'un père, n'est pas en souci du réveil. »

« Baise mes enfants, aime-les ; console-toi,
« console ma mère, ma famille........ Adieu !
« Adieu pour toujours !

« Ton bon ami,
« SALLE. »

Quel homme ! quel style !, quelles belles pa-
roles ! que de nobles pensées !

Que de larmes ont dû répandre sur cette lettre, modèle du genre, une épouse inconsolable
et trois petits enfants !

Mais aussi, quel orgueil d'avoir eu un tel
homme pour père et pour époux ! Quel orgueil
d'én être les fiers descendants !

Cette joie et cette grande douleur se sont per-
pétuées, pures et intactes, jusqu'à nos jours ;
en effet, les descendants de J.-B. Salle profes-
sent, pour leur illustre aïeul, un culte admiratif,
idolâtre.

Son patriotisme; son dévouement aux intérêts
du peuple ; ses générosités natives ; sa grandeur
d'âme ; sa finesse d'esprit ; son tact ; sa fin prématurée, tout enfin s'est conservé jusqu'à nous,
à travers un siècle de secousses politiques et de
guerres fastes et néfastes ; aussi, nous, ses petis-
fils, ses petits-neveux et ses arrière-compatrio-

tes, venons-nous aujourd'hui célébrer son im-
mortalité et lui rendre, pompeusement, *toute
l'estime et la considération publiques* auxquelles
ont droit ses vertus civiques, sa haute moralité
et son glorieux martyre !.....

§ VII

UN DERNIER MOT SUR SAINT-EMILION

Nous avons laissé, on se le rappelle, les Députés *Pétion*, *Buzot* et *Barbaroux* cachés chez le
perruquier *Troquard* qui, après l'arrestation de
Salle et de Guadet, n'étaient plus en sécurité
désormais : aussi ce brave perruquier les enga-
gea-t-il à chercher un autre asile.

Ils comprirent et se préparèrent au départ ;
en quittant Troquard, ils lui confièrent chacun
une lettre : Buzot et Pétion pour leurs femmes
et Barbaroux pour sa mère.

En se sauvant de Sᵗ Emilion, nos malheureux
proscrits se croient poursuivis ; soudain, une
détonation se fait entendre. On accourt vers le
blessé dont le linge était marqué R. B.

« *Êtes-vous Buzot, demanda-t-on au blessé ?* »
D'un signe de tête, il répond NON ! (car, ayant
la bouche fracassée, il ne pouvait plus parler).

« *Êtes-vous donc, alors, Barbaroux ?* » Il fit signe que OUI.

Le lendemain, *Barbaroux fut guillotiné à Bordeaux!*

Deux jours plus tard, *Pétion* et *Buzot* qui, eux aussi, s'étaient suicidés pour échapper à l'échafaud, furent trouvés, dans un champ de blé, *à demi-dévorés, ô horreur! par les loups!*......

———

Ainsi finirent les cinq Représentants du Peuple, réfugiés à St-Emilion !

Ils avaient passé près de quatorze mois dans les proscriptions ; ils avaient, pendant quatorze mois, échappé à mille dangers, supporté les privations, la misère, le désespoir ; et quelques jours seulement les séparent du *9 Thermidor*, qui les *eût rendus à la liberté !*......

———

P.-S. — Les prisons dé Bordeaux virent ensuite, et successivement, arriver *Guadet père* et sa sœur ; *Mme Bouquey et son mari*, ainsi que *M. Dupeyrat*, son père ; puis encore, un peu plus tard, *Saint-Brice Guadet*, qui, tous, payèrent de la mort *leur fraternel et patriote dévouement !*

CHAPITRE V

HOMMAGE AU GIRONDIN E. GUADET
SES DESCENDANTS — SA FAMILLE — SON ÉDUCATION
PORTRAIT PHYSIQUE ET MORAL
ESQUISSE POLITIQUE
SA PROSCRIPTION ET SA MORT

HOMMAGE DE RECONNAISSANCE AUX DESCENDANTS
DE E. GUADET

Nous venons d'assister, dans le chapitre précédent, aux actes répétés du plus entier dévouement dont firent preuve le Représentant E. GUADET et sa famille, pour assurer à *J.-B. Salle* une retraite, un abri, contre les poursuites incessantes et acharnées de la force armée et des agents de la Montagne, en chasse contre ces malheureux proscrits.

Toute la famille *Guadet*, avons-nous dit, fut sacrifiée sur l'échafaud, pour avoir caché leur fils *E. Guadet* et son ami *J.-B. Salle* ; c'est pourquoi nous pensons qu'il est de notre devoir de rendre *un respectueux hommage de profonde reconnaissance au Girondin E. Guadet, dans la personne de ses descendants*, avec qui j'ai eu le bonheur d'être mis en relation, par le plus grand des hasards.

De même que j'avais écrit au Maire de Bordeaux, pour avoir des renseignements sur les derniers instants de *J.-B. Salle* ; de même j'écrivis au Maire de St-Emilion, pour savoir quelques épisodes ignorés sur la période de claustration des Girondins en cette ville.

Le Maire, avec une amabilité charmante (dont je le remercie sincèrement ici), me répondit, par l'expression de tous ses regrets, de n'avoir rien à me communiquer ; mais en se faisant un devoir et un plaisir de me mettre en rapport avec un descendant du Girondin, actuellement en villégiature à St-Emilion.

C'est ainsi que nous, les petits-fils et petits-neveux de *J.-B. Salle*, pouvons adresser, en cette notice, *notre hommage de reconnaissance :*

1° *A M. Xavier-Lacombe Guadet, arrière petit-fils,* domicilié à *Paris* ;

2° *A M. Hyacinthe-Azaïs Guadet,* receveur des Finances, en retraite, à Paris ; *petit-neveu du Girondin ;* fils de *J. Guadet* neveu, célèbre et distingué publiciste ; auteur des *Girondins,* consciencieux ouvrage écrit avec une grande puissance de style, émaillé de documents authentiques privés et inédits ; ouvrage auquel j'ai emprunté maintes citations sur *J.-B. Salle* et sur *E. Guadet* ;

3° *A M. Julien Guadet, petit-neveu, architecte à Paris, professeur à l'Ecole des Beaux-Arts.*

Par cette singulière et imprévue coïncidence de rapprochement entre les descendants de *J.-B. Salle* et de *E. Guadet*, il est arrivé ceci d'heureux pour nous, Lorrains : M. *J. Guadet*, architecte, a bien voulu nous faire l'honneur de dresser *plans et devis* du monument à ériger à J.-B. Salle ; et, certes, ce ne sera pas la moindre attraction de ce monument que d'y lire, gravé, le nom de *J. Guadet*, petit-neveu du compagnon de gloire et de martyr de *J.-B. Salle.*

§ II

LA NAISSANCE DE E. GUADET — SON ÉDUCATION — SES ÉTUDES ET SES APTITUDES — SON PORTRAIT

GUADET (*Marguerite-Elie*) est né, le 20 Juillet 1755, à St-Emilion, petite ville du Bordelais, qui était restée, jusqu'alors, étrangère aux transformations qui modifient les grandes cités.

A St-Emilion, les charges municipales avaient toujours été le partage de la famille *Guadet*, dont le père du Girondin fut, pendant vingt ans, Jurat ou Maire ; luttant, sans cesse et avec énergie, contre les prétentions de la noblesse et du clergé.

Guadet, Marguerite-Elie, fut élevé à cette école paternelle jusqu'à l'âge de 15 ans ; il fit ensuite ses études au collège de Guienne ; puis il suivit son cours de Droit à l'Université de Bordeaux, dont les avocats de ce barreau mettaient autant d'importance aux études qui font l'orateur qu'à celles qui préparent le légiste.

Parmi ces avocats célèbres, nous citerons *trois noms* qui ont appelé l'attention, pendant la pé-riode révolutionnaire : *Vergniaud, Guadet* et *Gensonné* ; trois noms que l'histoire ne séparera jamais, pas plus qu'elle ne séparera ceux de *Guadet* et de *J.-B. Salle* que, seul, l'échafaud a eu le pouvoir de désunir.

Dès ses débuts dans la carrière, *Guadet* se fit pressentir comme avocat distingué et surtout comme orateur politique ; sa vie n'a pas démenti ces pronostics du début.

Mme *Roland*, en ses mémoires, nous a légué le portrait physique et moral de Guadet : « Re-« gard vif, spirituel, physionomie empreinte de « cette franchise qui commande la confiance ; « tempérament énergique, prompt, impétueux « et sensible à la fois ; la nature l'a fait orateur,

« athlète vigoureux, incisif, toujours prêt à com-
« battre. »

Tel était l'illustre *Guadet*, avant d'entrer dans
la vie politique, en même temps que *Vergniaud*
et *Gensonné*; luttant ensemble, succombant ensemble et périssant de la même mort !

Citons, enfin, l'opinion de *Charles Nodier* :

« Guadet fut le rival d'éloquence de Vergniaud
« et de Gensonné, dont il ne cessa d'être l'ami.
« Quelques-uns de ses mouvements oratoires
« l'emportent même en véhémence tribunitienne
« sur tout ce qui s'est conservé de plus remar-
« quable dans ce genre, chez les anciens et chez
« les modernes. »

§ III

ESQUISSE POLITIQUE

E. Guadet fut un lutteur de la première et de
la dernière heure ; doué des plus grands talents,
chaque fois qu'il abordait la tribune, il trouvait
là une occasion de faire valoir son esprit, la
grandeur et la fermeté de ses convictions ; il
lutta contre Robespierre avec une fougue qui
passionna son auditoire ; il défendit la cause des

Girondins en attaquant les Jacobins, avec une grande éloquence, en des rapports profonds et lumineux.

Guadet jouissait d'une telle estime et d'une telle valeur, que Louis XVI, hésitant sur le point de savoir *s'il devait revenir à la Constitution,* fit, un soir, mander *Guadet* SEUL, aux Tuileries, *pour lui demander des conseils.* C'est alors que la Reine lui présenta le Dauphin qui dormait sur ses bras ; *Guadet* l'embrassa et dit à sa mère : « *C'est un bel enfant, Madame, il faut le bien élever.* »

Poignante satyre, à la veille d'un prochain 10 Août !

Guadet se voyait et se rencontrait partout où il y avait devoir ou danger ! C'est ainsi que pendant la fameuse journée du 10 Août, il remplaça Vergniaud à la présidence de la Chambre ; c'est en cette séance mémorable qu'au bruit du canon et de la fusillade, l'Assemblée toute entière se leva, jurant de mourir chacun à son poste !

Après les horreurs des massacres de Septembre, l'Assemblée nommant 48 Commissaires, pour veiller à la sûreté et à la sécurité des habitants, choisit, entre tous, l'honnête et courageux *Guadet !*

Dans le procès du Roi, *Guadet* vota pour que le jugement soit soumis *à la ratification du peuple, ainsi que J.-B. Salle l'avait proposé.*

Guadet prit une grande part à toutes les discussions importantes des périodes républicaine et révolotionnaire ; il fut compris dans le décret de *Proscription du 31 Mai ;* il arriva, en Septembre, dans la Gironde avec quelques Girondins dénommés dans le chapitre précédent, et avec son ami *J.-B. Salle* duquel il ne se séparera désormais plus, qu'à la mort !

§ IV

SA PROSCRIPTION — SA MORT

Guadet, en quittant Paris, fut obligé de laisser le peu qu'il avait à sa femme, près de faire ses couches et presque dans la misère ; il fut forcé d'emprunter de quoi payer sa dépense, de Paris à Bordeaux ; il vécut près des siens qui l'estimaient et le chérissaient ; tous étaient peu fortunés..Quelle honorable indigence !

Et pourtant, on peut lire dans le *Moniteur* du 13 Brumaire, An II : Baudot, envoyé dans la Gironde pour y organiser la terreur, a eu le courage de dire à la Convention :

« *Guadet* vous disait qu'il mangeait le pain
« des pauvres, dans une petite maison à lui ap-
« partenant...... *Guadet* venait d'acheter et de
« payer 500,000 Liv. un emplacement, etc. »

Pourquoi le ciel ne frappe-t-il pas des calom-
niateurs de cette force ?

(Nous avons raconté, plus haut, que *Salle* fut
de même accusé de vénalité).

Nous ajouterons seulement que, quand on ar-
rêta *Guadet* dans le galetas où il se cachait avec
Salle, et lorsqu'on voulut constater son identité :

« *Je suis Guadet*, dit-il ; *bourreaux, faites votre*
« *office ! Allez, ma tête à la main, demander votre*
« *salaire aux tyrans de ma patrie !*

Lorsqu'enfin *Guadet* se rendait à l'échafaud,
il disait au peuple, accouru sur son passage :

« *Citoyens, voilà le dernier de vos représentants*
« *fidèles.* »

Sur l'échafaud, il voulut parler ; un roulement
de tambour couvrit sa voix, et il ne put faire
entendre que ces mots :

« *Peuple, voilà l'unique ressource des tyrans ;*
« *ils étouffent la voix de l'homme libre pour com-*
« *mettre leurs attentats.* »

Guadet avait 39 ans !

Il laissait après lui une veuve et trois jeunes enfants !

§ V

UNE MUTILATION — UN VŒU

Les touristes si nombreux qui, chaque année, visitent les curiosités artistiques et historiques de S^i-Emilion, ne manquent jamais de faire *un pèlerinage à la maison* GUADET, dans laquelle ont été arrêtés les illustres Députés *E. Guadet* et *J.-B. Salle.*

Cette maison est située en dehors de la ville, non loin de la *Porte-Bourgeoise ;* elle est restée, en ses contours et détails extérieurs, du moins, telle qu'elle était il y a un siècle ; malheureusement, elle a cessé d'appartenir à la famille Guadet.

Pour perpétuer le souvenir historique attaché à cette maison, une nièce du Girondin, Mme *J. Guadet* (femme du publiciste), avait fait dresser une petite *colonne en fonte, portant une plaque commémorative appropriée.....* quand il arriva, une nuit, que d'indignes destructeurs ont trouvé spirituel de RENVERSER CETTE COLONNE *qui n'a pas encore été relevée*[1] !!

Nous regrettons cet oubli qu'il suffira, nous l'espérons, de signaler à l'intelligente municipalité républicaine de St-Emilion pour qu'elle s'empresse de le réparer ; car il serait juste, honorable et patriote, à la fois, de signaler *la maison Guadet* au respect admiratif de tous les Français !

Que la ville de St-Emilion, à l'occasion du Centenaire de la mort du Conventionnel *E. Guadet* (19 Juin 1894), vote une plaque commémorative à apposer sur sa maison, *elle aura bien mérité de la Patrie !*

1. Notes de voyage.

APPENDICE

I

DOCUMENTS RÉTROSPECTIFS

ARTICLE PREMIER

**Le Conventionnel Dumas annonce, à la So-
ciété des Jacobins, l'exécution de J.-B.
SALLE.** — (6 Messidor, An II — 24 Juin 1794.)

Le Conventionnel Dumas annonce à la Société
des Jacobins l'exécution de J.-B. Salle (6 Messidor, An II — 24 Juin 1794) :

« J'annonce à la Société que *Guadet* et
Salle ont enfin payé, de leur tête, leurs
crimes contre la République. Ces scélérats
s'étaient réfugiés à S'-Emilion ; on les a
trouvés dans le grenier du père de Guadet.
Salle s'y occupait à faire *une comédie* où
le Comité de Salut Public jouait les principaux rôles et y était traité comme il est

8

facile de se l'imaginer. Mais *Salle ne se doutait pas qu'il s'agissait d'une tragédie où il devait figurer lui-même !*

« Une âme criminelle ne peut trouver de ressources ; et tous les conspirateurs doivent se persuader, enfin, que le dénouement de toutes les trames qu'ils entreprennent, sera toujours le dernier supplice. »

(Extrait du n° 279 de la *Gazette Nationale* ou *Moniteur Universel*).

ARTICLE II.

Adresse votée à la Convention Nationale par le Conseil général de la commune de Vézelise, aujourd'hui, le 15 Messidor, l'An II de la République Française.

« L'énergie et la surveillance des Républicains étant déployées de toutes parts,

on doit être sûr que, bientôt, tous les traîtres seront découverts et le sol de la liberté purgé de tous les *subrats* (?) qui l'in-
fectent.

« *Salle, le monstre Salle et Guadet*,
ont subi le juste châtiment dû à leurs crimes ! Eh, que ceux qui, comme les fédéralistes partisans de la Royauté, du *Pitt*
et du *Cobourg*, n'ont-ils éprouvé le même
sort ? Nous jouirions paisiblement du bonheur que nous a préparé l'infatigable Montagne, malgré tous les obstacles qu'elle
rencontrait, mais qu'elle a su repousser
avec courage, etc., etc................
....

« La nouvelle de l'arrestation et de la
justice que l'on a fait (*sic*) aussitôt aux
traîtres *Salle* et *Guadet* a répandu la joie
la plus *sincère* dans tous les cœurs des
citoyens de la commune de Vézelise ; des
cris spontanés de *Vive la Montagne !*

Vive la République ! ont retenti de toutes parts.

« Mais, tout en nous félicitant de cette heureuse découverte, nous avons éprouvé les regrets les plus vifs, en songeant que *la Commune a vu naître et élever dans son sein le perfide Salle !.....*

C'est avec indignation que j'ai souligné ces dernières lignes ; car il est inique et révoltant de voir un peuple renier son illustre enfant !

Aux yeux des citoyens de Vèzelise, en l'An II, les prétendus crimes du Girondin n'étaient pas si grands que la haine jalouse qui les aveuglait ! Certes, ils n'aimaient pas leur Député, parce qu'il était trop honnête, trop loyal, trop franc, trop dévoué à leurs vrais intérêts ; ils ne l'ont jamais compris en ses justes observations, en ses sages et prudents conseils qu'il leur faisait trop souvent ; nous en aurons la preuve dans les quelques extraits de ses lettres qui vont suivre.

J.-B. *Salle* n'était pas l'homme qui convint à de tels commettants ; aussi, ont-ils profité de l'évènement, sans perdre même un jour, pour déverser, en méchantes et vaines criailleries, son indigne haine jusqu'au sein de la Convention Nationale qui, quelques mois plus tard, *réhabilitait J.-B. Salle !*

Les Jacobins flétrissant un Girondin : ils étaient en plein dans leur rôle politique ! Mais, des citoyens flétrissant celui qui avait l'honneur de les représenter ? c'était se flétrir eux-mêmes ; du reste, c'est ce qu'a ratifié l'opinion depuis longtemps ; et c'est ce qu'elle confirmera bientôt d'une manière éclatante, en s'unissant aux descendants du Girondin, pour célébrer dignement le centenaire de sa mort.

ARTICLE III

Réhabilitation de J.-B. Salle.

Chose étrange ! C'était *le 15 Messidor de l'An II* que la commune de Vèzelise avilissait honteusement le Girondin *J.-B. Salle ;* et voilà qu'un an après, le *10 Messidor. An III,* cette même commune de Vèzelise prend une délibération, *à l'effet de transcription de la réhabilitation de J.-B. Salle.*

Juste punition d'un zèle inopportun !

Convention nationale. — *Séance du 3 Floréal An III.* — Le Député de la Meurthe, *Zangiacomi,* au nom du Comité des Secours publics, fait le rapport suivant que nous publions *in extenso,* à cause de son importance :

« Citoyens,

« Vous avez pris l'engagement de réparer, autant qu'il était en vous, cette longue suite de maux que des hommes atroces ont commis par votre nom. Déjà, plusieurs familles auxquelles la violence a ravi leurs chefs et leurs ressources, ont trouvé dans votre sein les consolations dues à leurs infortunes et les secours que sollicite leur misère ; je viens vous proposer de remplir un semblable devoir. C'est un tribut que vous devez à la mémoire d'un de vos collègues ASSASSINÉ ; un acte de justice auquel a droit une famille malheureuse.

« Vous avez, vous aurez longtemps à la mémoire les évènements qui ont arraché du milieu de vous *le Représentant du Peuple Salle !*

« Vous savez tous qu'après avoir été un des premiers, un des plus courageux athlètes de la Révolution ; après avoir servi avec dévouement son pays ; intrépidement combattu tous les tyrans, *il a été proscrit avec une foule d'hommes de bien et a péri sous la hache qui a fait tomber les plus illustres têtes !*

« Il ne doit être permis, à cette tribune, de rappeler le souvenir de ces forfaits que pour en faire abhorrer les auteurs, et surtout pour réparer les désastres dont ils ont couvert la France.

« La famille de notre collègue a tout

perdu par ce funeste attentat : *Salle* exis-
tait et ne faisait exister sa famille que par
ses talents et ses travaux ; *il est mort
pauvre*, sans laisser d'autre patrimoine
qu'un nom intact et honoré par ses mal-
heurs ; la confiscation a été sans objet à
son égard et sa femme n'a aucune ressource à attendre du Décret, par lequel,
sans doute, vous rejetterez *l'odieuse of-
frande des assassins*, et restituerez à tant
de victimes les sanglantes dépouilles de
leurs époux et de leurs pères.

« Sans fortune personnelle et dénué de
tout, dans ces temps difficiles, *la malheureuse Salle* est réduite, avec deux enfants
en bas-âge, à dévorer, dans la misère,
les larmes que lui font répandre et dont
l'abreuvent, depuis deux ans, les bourreaux de son mari.

« La Convention, libre, ne place sa
gloire que dans les sentiments généreux ;

ce n'est plus en vain que l'infortune réclame son appui, ni que, du fond des tom-
beaux, tant de funèbres accents appellent
la Justice ! Les tyrans ne sont plûs ; notre
premier devoir est de venger l'innocence,
d'honorer et de soutenir le malheur.

« Je vous propose, Citoyens, de renouveler en faveur de *la veuve Salle* l'acte
de justice que vous avez fait hier, en faveur de notre collègue Buzot. »

DÉCRET

*La Convention Nationale, etc., décrète que les Ins-
pecteurs de la Solde feront payer sur le champ à LA
CITOYENNE POINSIGNON, VEUVE DU REPRÉSEN-
TANT DU PEUPLE SALLE, LES INDEMNITÉS DUES
A SON MARI JUSQU'A L'ÉPOQUE DE SA MORT.*

Un tel panégyrique nous remplit l'âme de joie
et de bonheur ; puisse-t-il exciter la fibre patriotique de tous nos compatriotes que nous
convions à célébrer pompeusement le centenaire
de la mort de notre aïeul.

ARTICLE IV

Divorce de Dame Charlotte Poinsignon et de J.-B. Salle.

« Cejourd'hui, 20 Octobre 1793, l'An II de la République Française, devant nous, Alexis Mansuy, premier Officier municipal de la commune de Vèzelise, pour la suspension du Maire ;

« Est comparue *Catherine - Charlotte Poinsignon*, âgée de 35 ans, domiciliée à Vèzelise, assistée de . . . . ; laquelle nous a dit que son époux étant *proscrit*, déclaré traître à la Patrie et RÉPUTÉ *émigré ;* que l'ayant abandonnée et ses enfants, elle se trouvait aux termes de la loi du 20 Septembre 1792, elle se trouvait *dans le cas de divorce ;* que d'après cette même loi, il n'y avait lieu à aucun délai d'épreuves, l'Officier public devant le prononcer sans pouvoir entrer en connaissance de cause, pourquoi elle me requérait de prononcer à l'instant *la dissolution de son mariage,* contracté à Vézelise, le 9 Janvier 1787.

« Vu par moi, les articles de loi...... en vertu des pouvoirs qui me sont délégués, j'ai déclaré, au nom de la Loi, *que le mariage entre les dits Catherine-Charlotte Poinsignon et Jean-Baptiste Salle est dissous, et qu'ils sont libres de leur personne, comme ils l'étaient avant de l'avoir contracté.* »

On pourra s'étonner de cet acte de divorce motivé sur la simple déclaration que *Salle était réputé émigré !*

En voici la raison légitime : la femme de *Salle* avait demandé le divorce, pour que les biens de son époux *ne fussent pas confisqués et pussent rester à ses enfants.*

ARTICLE V

Annulation du Divorce.

Ce divorce, heureusement pour les partis, n'a été que de courte durée, ainsi que le constate le procès-verbal suivant :

« Cejourd'hui, 5 Germinal, An II, 10 heures du matin, est comparue par devant nous, Georges, *Catherine-Charlotte Poinsignon*, assistée de..............laquelle, après avoir pris communication de l'acte ci-contre, nous a déclaré : qu'instruite que *J.-B. Salle*, son mari, Représentant du Peuple Français, *n'avait point quitté le territoire de la République* ; que, quoique déclaré traître à la Patrie, elle était toujours certaine de son innocence et de son dévouement à la cause de la Liberté ; qu'enfin, elle avait été forcée par les circonstances et pour se conserver à ses enfants, à demander la dissolution de son mariage ; mais qu'aujourd'hui, sa conscience et son attachement à son mari lui dictaient *une renonciation formelle à son divorce;*

« Pourquoi elle demandait qu'il soit considéré comme nul et non avenu, protestant des avantages que la Loi relative au Divorce lui assure, et de remplir les formalités qu'elle prescrit.

« Fait à......., etc. »

Quel grand et noble caractère, digne de l'époux qu'elle s'était choisie !

Mais, quel douloureux et long Calvaire elle a parcouru, hélas !

II

CORRESPONDANCE DE J.-B. SALLE

DE 1789 A 1791

INTRODUCTION

Ces lettres sont l'expression même du caractère franc, honnête, ferme et un peu pointilleux
du Girondin ; quelques-unes sont pleines de
l'intérêt si grand et si dévoué qu'il portait au
peuple ; d'autres s'occupent *des chicanes* entre
son frère et la municipalité (chicanes qui ont été
cause de l'indigne adresse à la Convention Nationale, qui a été publiée, *in extenso*, page 114) ;
il en est qui ne sont qu'un compte rendu des
séances de l'Assemblée Constituante ; une dernière lettre, enfin, est un modèle *de reporter*,
perspicace et observateur, relatant la fuite de
Louis XVI (20 Juin 1791).

Toutes ces lettres, écrites avec esprit, tact,
logique et conviction, seront lues, nous n'en
doutons pas, avec plaisir et intérêt.

J.-B.-V. SALLE.

N° 1.   Du 5 Mai 1789.

« Pour la première fois que mes concitoyens me font l'honneur de correspondre avec moi, je serais fort aise que c'eût été pour me charger d'une commission ; si, en effet, il m'était possible de les obliger.

. . . .

« Il était inutile de me parler des démarches et du zèle de M. Chantaire (?) pour exciter le mien : Je crois avoir donné des preuves que je n'ai besoin de recevoir l'exemple de personne, pour faire ce que le devoir exige de moi ; et c'est bien le moins que je puisse faire, en reconnaissance de la confiance dont mes commettants m'ont honoré, que de la justifier au péril même de ma vie . . . . »

La ville, paraît-il, avait fait une demande d'armes ; *Salle* leur démontre que cette demande est actuellement inopportune, à cause de la Loi, que l'Assemblée va voter à ce sujet.

Plus loin, il dit qu'il a voulu prévenir *l'effusion du sang*, en montrant à la municipalité les erreurs de leurs règlements.

« .... Je sais que le peuple, à qui j'apprendrai ses droits et dont je défendrai la cause en sa présence même, a été trompé au point *de me maudire et d'outrager ma famille*. Je connais toutes ces insultes, tous ces outrages, toutes ces calomnies.......... Mais, je ne suis point découragé ; il me reste un plaisir, qu'il est impossible de m'ôter, *celui de forcer mes ennemis à jouir du bien auquel mon suffrage aura contribué.*

« SALLE. »

Quelle dignité de caractère en face de l'outrage !

N° 2.   Paris, 27 Décembre 1789.

Il annonce que Vézelise sera chef-lieu de district et qu'il aura un baillage.

Puis, il revient sur les faits passés, disant qu'il n'a voulu donner au peuple qu'un avis et non *une leçon.*

« Le peuple, trompé par les officiers militaires, n'a pas vu que je ne donnais des avis que pour *son intérêt ;* que je ne lui parlais de ses droits et de son égalité que pour *son intérêt ;* que je n'avais pour but, en un mot, que *cet intérêt* qui m'a fait agir, en tous temps, pour la cause publique !.......

« .... Les officiers militaires ne peuvent agir que s'ils *sont requis*.......

« .... Ma famille, non plus, n'a pas été épargnée ; en voici la preuve :

« Vous m'écrivez *que le sang de mon*

*frère coule tranquillement dans ses vei-
nes !......*

« .... Vous m'assurez qu'il a *la manie*
de vouloir passer pour *le martyr de la
Liberté ;* mais que, *malheureusement* aujourd'hui, on ne place plus personne *dans
le martyrologe !*

« De pareilles locutions ne sont point
d'une Assemblée de Représentants ! Mon
frère est estimable par son dévouement.

« .... Vous me louez, il est vrai ; mais
je n'accepte pas des éloges assaisonnés
d'un aussi mordant persifflage !........

« .... Et je crois, de mon devoir, de
vous avertir qu'à la place où vous êtes, *il
faut souffrir les travers, estimer le cœur
et être amis des honnêtes gens.* »

J.-B. Salle avait demandé une convocation de
la commune, pour que chacun pût entendre lire
sa lettre de défense aux intérêts communs. —
La municipalité lui refusa cette réunion. —Alors,

il leur opposa la loi, en disant que ces réunions doivent toujours avoir lieu, quand elles sont demandées par *le sixième* des citoyens actifs.

« Or, dit *J.-B. Salle*, il me semble qu'un Député équivaut bien, par sa place, au sixième des citoyens actifs !

« SALLE. »

J.-B. Salle, élu représentant depuis quelques mois à peine, était donc déjà en butte à de mesquines jalousies, qu'il a combattues avec fierté et avec toute la grandeur d'âme dont il était doué.

Inde iræ !

N° 3. Paris, 10 Janvier 1790.

A la lettre précédente de *Salle*, la municipalité a répondu de telle sorte que, le 10 Janvier 1790, *Salle* a écrit :

« Cette lettre sera la dernière que vous recevrez de moi !

« Que m'importent à moi les querelles, les injustices, la vanité et l'animosité de mes ennemis! C'est *l'estime publique* qu'il m'importe ! C'est la confiance du peuple dont j'ai besoin !...... »

J.-B. Salle, pour assurer l'invariabilité de ses lettres, a pris soin d'en envoyer des copies à sa famille. (C'est à cette duplicature que je dois la communication des lettres du Girondin). On a donc eu tort d'accuser sa famille d'infidélité dans la correspondance.

« Et puisque vous me refusez de m'entendre, je n'écrirai plus qu'à ma famille, et *j'abandonne ma réputation à qui voudra la déchirer !*

« SALLE. »

Quelles souffrances a dû endurer ce cœur fier et généreux !

N° 4.   17 Janvier 1790.

J.-B. Salle revient encore sur le refus de convocation du peuple, pour entendre sa défense personnelle. Mais, comme il a su que sa dernière lettre *avait été lue en séance publique*, il oublie sa mauvaise humeur et le serment qu'il avait fait de ne plus correspondre avec la Commune.

« . . . . «

Pourvu que le bien s'opère et que le public ne soit pas trompé, que m'importent les tracasseries de quelques personnes ! N'auront-ils pas, entr'eux, leurs propres torts, tant qu'ils n'auront rien fait pour les réparer !.....

« Puis, d'un ton plus calme, il parle de la loi du *marc d'argent* qui avait pour objet une sorte de *cens d'éligibilité* au Corps Législatif ; loi que *j.-B. Salle* n'a pas votée. La noblesse et les prêtres voulaient même un revenu foncier de *Cent louis*. — *Le Tiers*, au contraire, avait demandé que celui qui réunirait les 3/4 des suffrages, fût exempt du marc d'argent.

« Mais, dit-il, nous n'avons pas réussi.

« Il parle ensuite du *mandat impératif* à imposer aux représentants, pour obtenir la révision de l'assiette des contributions directes.

« SALLE. »

———

N° 5.   Du 14 Mars 1790.

Treize ouvriers d'une manufacture de la ville de Vézelise avaient été rayés de la liste électorale, comme n'étant pas des *citoyens actifs*. — Plainte et réclamation de ceux-ci. — *J.-B. Salle* donne tort à ses commettants.

Il paraîtrait que ce que l'on reprochait le plus à ces ouvriers, c'était le défaut de *lettres de bourgeoisie*, et alors *J.-B. Salle :*

« Quand tous les Français sont devenus *citoyens*, vous parlez de l'avantage d'être bourgeois de votre ville ! Quand il n'y a plus que des *droits de cité*, vous parlez des *droits de bourgeoisie !*

« Il n'y a plus de serfs, ni d'esclaves, tout le monde est citoyen ! Tout ce que l'on peut exiger d'un nouvel habitant d'une commune, c'est qu'il représente *des certificats de vie et de mœurs !*

« La conséquence stricte de cette opération, est que *les bourgeois de Vèzelise vallent mieux que les citoyens Français;* ce qui est absurde !

« Tout a été irrégulier et bizarrerie en cette affaire ; il y a eu des personnalités, des motifs d'humeur qui compromettent la chose publique, par ces misérables discussions : je pourrais faire casser les élections ; je n'en ferai rien, à la condition que vous réintégriez sur les listes électorales, ces ouvriers qui paient impôts et contributions.

« SALLE. »

Quelle vigueur de réplique !

N° 6. Paris, 11 Juillet 1790.

Il fait part de son arrivée à Paris et de l'excellent voyage qu'il a fait ; il raconte, avec de menus détails, les préparatifs au Champ-de-Mars pour la fête de la *Fédération* (14 Juillet).

« Chacun y travaille, *le Roi lui-même !* Son enthousiasme est immense ; puis..... Je vous prie de rassurer nos concitoyens sur les faux bruits qui ont couru en province, au sujet du prétendu mouvement que l'on craignait ; il est aussi impossible, en ce moment, de tenter une *contre-révolution* dans Paris, qu'il est possible de remettre les choses sur l'ancien régime.

« SALLE. »

N° 7.   Ce 22 Juillet 1790.

Annonce d'un Tribunal de 1re instance, par district. — Donc, certitude d'un baillage.

« Il ne s'agit plus, dit-il, pour nos concitoyens, que de se montrer dignes de ces avantages, en respectant les lois et en se mettant en état de les défendre de toutes leurs forces.

« Il traite ensuite de la question de préséance pour les bancs d'église de réserve, auxquels on ne peut prétendre si l'on n'est pourvu d'écharpes.

« SALLE. »

N° 8.   Paris, 26 Juillet 1790.

L'Assemblée a décidé que les tribunaux de district seraient *Tribunaux d'appel*, les uns à l'égard des autres, sans réciprocité.

« Il faut vous rendre dignes de cette mesure, dans le choix de vos juges ; et vous ne pouvez détruire la prévention des grandes villes qu'en les surpassant, s'il est possible, en sagesse et en justice.

« SALLE. »

N° 9.   Du 30 Juillet 1790.

A propos des réformes judiciaires et de la nomination des commissaires :

« Je vous engage, plus que jamais, à vous soumettre, ainsi que moi ; sauf à prendre toutes les précautions que le pa-triotisme vous indiquera. Une plus longue résistance vous nuirait extrêmement en retardant la formation de ces assemblées si nécessaires à la France, et à votre can-ton en particulier. »

Cette lettre continue sur la question des assignats ; le remplacement des dîmes, l'organisation du clergé, l'administration de ses biens et le traitement de ses membres.

« Il fallait d'abord songer à dégager les Assignats de toutes charges et d'hypothèques sur les biens du clergé dont il fallait remettre l'administration aux assemblées de département et de district. — Grand tapage. — Alors, un Chartreux, Dom Gerle, propose que la religion catholique, apostolique et romaine soit la religion de l'Etat et que son culte soit le seul public autorisé. — Grande rumeur dans l'assemblée. — Le clergé veut qu'on délibère sans désemparer. — Remise au lendemain. — Grande agitation dans Paris. — On parle de concile, de guerre de religion, etc.

« Agiter dans ce moment, leur dit l'abbé Maury, une question de religion, c'est poser sa pipe sur un baril de poudre !

« Le lendemain, Paris est sous les armes. Nos adversaires se rendent à l'Assemblée en *habits de Cour*, tout prêts à déposer une protestation aux pieds du Roi, en criant à l'irréligion, au schisme.

« Nous, le Tiers, nous demandons la question préalable. — Les voilà déconcertés. — Tapage effroyable. — Enfin, les prêtres ont perdu la partie. — *Mirabeau* et l'*abbé Maury* ont risqué de perdre la vie, mais ils furent sauvés, grâce à La Fayette.

« Le lendemain, le tapage continue ; à la fin, l'Assemblée a décidé que les biens ecclésiastiques seraient administrés par le département ; et qu'une somme serait affectée, chaque année, pour les dépenses du culte catholique, pour l'entretien des ministres des autels, au soulagement des pauvres et pour les paroisses.

« SALLE. »

Combien n'est-il pas regrettable qu'il y ait tant de lacunes dans ces lettres dont chacune porte le cachet du culte du devoir observé, de la soumission aux lois et du législateur sérieux.

En lisant ces dernières lettres, on oublie volontiers celles des tracasseries qui ont fait l'objet de quelques-unes.

Nous allons terminer cette série par le compte rendu de *la fuite de Louis XVI*, qu'un an plus tard, *J.-B. Salle* devait défendre avec tant d'ardeur !.....

N° 10. Paris, 23 Juin 1791.

« Un grand évènement vient de se passer.

« *Le Roi est parti la nuit dernière.*

« Tous les soins de la garde nationale ont été inutiles ; ce matin, Paris a appris cette fuite ; et, ce qui va vous surprendre, Paris est resté tranquille.

« Il croyait, en fuyant, nous laisser *la*

guerre civile pour adieux, il s'est trompé !
Le peuple a pris sur-le-champ son parti :
il s'est réuni autour de l'Assemblée Nationale, en lui jurant fidélité.

« La garde nationale a été mise sur
pied à l'instant ; l'ordre le plus exact s'est
établi de lui-même, et si j'en excepte
M. *d'Aumont* qui était de garde la nuit
aux Tuileries, qu'on soupçonnait d'être
un traître et qui a été un peu maltraité, il
n'y a pas eu un seul excès de commis.

« Il n'y a rien de comparable à la fermeté calme, au sang froid courageux que
le peuple a montré dans cette circonstance.
Nous en sommes tous enchantés et nous
sommes loin de désespérer de la chose
publique.

« L'Assemblée a commencé par mander
les Ministres et les a chargés des soins du
Gouvernement, après avoir reçu leurs ser-
ments. Différents décrets ont été ensuite

portés, tous également sages et qui ont tranquillisé le peuple.

« A la séance du soir, ou, pour mieux dire, vers le soir (car la séance a tenu le jour et la nuit), le département, le district de Versailles sont venus prêter serment de fidélité à l'Assemblée Nationale Constituante. Tous les Ministres du côté gauche ont prêté le même serment ; M. *de Rochambeau* a demandé d'être admis à la barre et y a fait la même chose ; il a été imité par l'état-major des Gardes Suisses.

Vous voyez, Messieurs, que les aristocrates sont loin de leur compte ; ils espéraient que la confusion serait dans Paris, et qu'au milieu de toutes les défiances, les patriotes s'entr'égorgeraient et que la guerre civile s'étendrait jusqu'aux extrémités du Royaume.

« Rien de tout cela n'est arrivé ! bien loin de là, une sorte de gaieté même, qui n'est que le résultat de la bonté de sa cause, du sentiment de sa force, semble animer le peuple ; et c'est de la meilleure grâce du monde qu'on a détaché *les armes du Roy et son nom* de toutes les enseignes où ils se trouvaient.

« Cet évènement a réuni le côté gauche ; il n'y a plus aujourd'hui, de ce côté-là, qu'un parti.

« Ce soir, les Jacobins ont tenu une séance ; MM. *de La Fayette, Dandré, Emeri, etc.*, tout le *Club 89*, en un mot, s'y est rendu et a déclaré ne vouloir plus se diviser. Les Jacobins, comme vous voyez, triomphent pleinement.

« Le peuple répète partout leurs louanges : *les écrivains patriotes ne sont donc pas des scélérats ! Les Jacobins ne sont donc pas des factieux ! Voilà que tout ce qu'ils avaient prédit arrive ! Ce sont les clubs monarchiques de 89, seuls, qui sont des factieux !* Enfin, Messieurs, la cause du patriotisme triomphe complètement ici, et la démarche du Club 89, en calmant toutes les inquiétudes, a terminé la journée avec une tranquillité telle, qu'il ne semble pas même qu'il ne soit rien arrivé d'extraordinaire.

« Je pense, Messieurs, que tout cela vous sera déjà connu, au moyen des *courriers extraordinaires* que l'Assemblée a envoyés dans tous les départements.

« Je compte assez sur votre patriotisme pour être sûr que vous ne serez pas plus effrayés que nous. Je dois seulement vous dire que le Roi a fait tenir un manifeste à l'Assemblée, dans lequel il se plaint gauchement de toute la Constitution, jusqu'à dire qu'*avec 25 millions de liste civile, l'Assemblée l'avait mis dans le cas de mourir de faim !*

« Jugez si ce manifeste peut nous nuire !

« *Fermeté, courage, vigilance, union,* avec cela, Messieurs, *nous serons sûrs de vaincre !*

« Et, d'ailleurs, nous avons juré de VIVRE LIBRE OU DE MOURIR ! !

« Je suis, très fraternellement,

« Messieurs,

« Votre très dévoué concitoyen,

« SALLE,

« *Député de l'Assemblée Nationale.*
« *Rue Guillon, hôtel des Etats-Unis, à Paris.* »

III

TRAVAUX PARLEMENTAIRES

La Table de la réimpression de l'ancien *Moniteur*, rédigée et collationnée par M. *A. Ray*, donne, sur Salle, les renseignements suivants[1] :

(Voir le Tome XXXI, page 418.)

1 Son opinion sur les Assemblées Nationales. — Vol. I. 429.

2 Il combat la mention au procès-verbal de l'adresse des Fédérés d'Hesdin. — Vol. IV. 304.

3. Son rapport sur les manœuvres pratiquées en Alsace contre l'Assemblée. — Vol. IV. 382-403.

4 Il parle sur les troubles de Marseille. — Vol. IV. 483.

5 Inculpe la municipalité de Nancy. — Vol. V. 528.

6 Fait approuver la conduite de la Société des Amis de la Constitution de Dax. — Vol. VI. 376.

7 Est élu secrétaire. — Vol. VII. 494.

1. Extrait du vol. *Tragédie sur Charlotte Corday*, par G. Moreau-Chaslon, p. 209 et suiv.

47 Décret pour la confiscation de ses biens. — 283, 296.

48 Il est exécuté à Bordeaux. — Vol. XXI. 65.

49 Détails sur son arrestation. — 77.

50 Paiement à sa veuve des indemnités qui lui étaient dues à l'époque de sa mort. — Vol. XXIV. 287.

51 Secours accordés à la même. — Vol. XXVIII. 208, 260.

Avec des données aussi précises, il appartient à un bibliophile de l'avenir, d'écrire l'histoire politique de J.-B. Salle.

IV

ŒUVRES LITTÉRAIRES

CHARLOTTE
CORDAY

TRAGÉDIE

EN 5 ACTES ET EN VERS

PAR

J.-B. SALLE

DÉPUTÉ GIRONDIN

Publiée, pour la première fois, d'après le manuscrit original

PAR

M. Georges MOREAU-CHASLON

Paris, 1864

11

I

Commentaires et Analyse par l'Auteur.

Afin de rendre plus compréhensible la repro-
duction partielle de la lettre de *Barbaroux* à *J.-B.
Salle*, nous sommes obligé de donner, aupara-
vant, quelques détails préliminaires et de faire
l'analyse de cette tragédie.

C'est pourquoi nous prions le lecteur de nous
excuser, si nous commençons par exprimer
nos convictions et appréciations, avant d'exposer
celles de divers auteurs.

Il y a des beautés réelles dans la tragédie de
Charlotte Corday, par *J.-B. Salle ;* mais, trop
souvent, les rimes sont plates et incorrectes et
le vers manque de chatoiement. *Barbaroux* avait
adressé à *Salle*, dans sa mansarde de St-Emilion,
une critique raisonnée que *Salle* n'a pu mettre
à profit ! (Les proscripteurs ne lui en ont pas
laissé le temps). C'est regrettable, parce que
Salle eût pu faire les justes corrections indi-

quées, et son œuvre, revue, y eût beaucoup gagné.

Quoi qu'il en soit, c'est un drame vécu, très mouvementé, fort remarquable dans ses élans de patriotisme ; citons, entr'autres :

ACTE Ier. — *Récit d'Henriot, sur l'arrestation de Charlotte Corday.*

Palinodies de Danton et de Robespierre.

ACTE IIe — *Grandeur et fierté de Charlotte, pendant toute la durée de cet acte.*

ACTE IIIe. — *Réponse de Charlotte à l'aveu de l'amour de Séchelles et leur dialogue.*

ACTE IVe. — PLUS GRANDE QUE BRUTUS ! (Allusion à l'amour d'*Adam Lux*, Député de Mayence, pour Charlotte, à qui il voulait qu'on élevât une statue et qu'on écrivît sur le piédestal : *Plus grande que Brutus !* Cette incartade de folie lui coûta la vie).

Notons encore le *Récit de Robespierre sur la marche triomphante de la conspiration militaire de Séchelles.*

ACTE V^e. — *Les imprécations de Charlotte contre Danton.*

*Charlotte gémissant sur le sort de la France.
— Le récit d'Henriot sur la mort de Charlotte.*

A part la question de *pure poésie,* je préfère
la tragédie de *J.-B. Salle* à celle de *F. Ponsard* ;
son thème est hardi et empoignant ; il débute
par l'arrestation de *Charlotte Corday* et finit par
son exécution.

C'est ce qui a permis à l'auteur de donner
essor à toute son indignation contre *Robespierre*
et *Danton,* et de grandir *crescendo* Charlotte,
sublime et résignée.

Parallèle avec la Charlotte Corday de F. Ponsard.

Le vers de Ponsard est délicat et solide ; il a,
sans faiblir jamais, l'éclat, la simplicité, la sono-
rité et la précision qui conviennent à une tragédie classique ; toutes qualités qui manquent
à l'œuvre de *J.-B. Salle.*

Le thème adopté par Ponsard est trop simple ;
il manque de hardiesse ; c'est une pastorale ;
nous assistons à l'éclosion de l'idée de l'assassinat de Marat ; à la maturité de ce rêve, sans
parti pris ; à son exécution ! Marat meurt et...
le rideau baisse.

Dans cette tragédie, peu d'*élans patriotiques* ayant la chaleur, *l'enlevant et le frissonnant* des élans qui émaillent la tragédie du Girondin *J.-B. Salle !*

Lorsque F. Ponsard composa sa tragédie, il ignorait, certes, celle de *J.-B. Salle*, qui ne fut éditée que quinze ans plus tard ; aussi, entre ces auteurs, ne trouve-t-on aucune situation scènale ayant quelqu'analogie.

Cependant, j'en ai trouvé une — *sed diversa tamen.* — Ponsard nous montre *Barbaroux* amoureux de Charlotte qui (Scène III, Acte III), dit à Barbaroux :

> *Sachez que vous avez une sœur qui vous aime,*
> *Et soyez toujours ferme et* DIGNE DE VOUS-MÊME.
> *Adieu donc !*

J.-B. Salle, lui, nous met en scène *Séchelles*, amoureux de Charlotte (Scène IV; Acte III), qui lui dit :

> *Sois homme ! Lève-toi ! Ce fer de la vengeance*
> *Dans tes mains désormais, appartient à la France.*
> *Va sauver ton pays et* SOIS DIGNE DE MOI !

Eh ! bien, en ces deux situations analogues, dans laquelle Charlotte fut-elle *femme plus réellement aimante ?......*

Il est indiscutable que *Salle* a mieux traduit
sa pensée.

II

Fragments d'une lettre inédite
DE BARBAROUX A J.-B. SALLE
sur la Tragédie de Charlotte Corday.

(Textuel.)   Sans date.

« Mon ami,

« Comment n'as-tu pas mis sur la scène
cet intéressant ADAM LUX, Député de Mayence, véritablement amoureux de Charlotte et qui, pour un écrit où il la peignait
plus grande que Brutus, s'est fait enfer-
mer à l'Abbaye ?.....

« ADAM LUX te convenait mieux que
Hérault de Séchelles, dont tu fais un homme de bien, contre toute vérité, et que tu
fais mourir sur la scène, *empoisonné*,
lorsqu'il est plein de vie !.....

« Vois-tu, un jour, Hérault de Séchelles, assistant à une représentation de ta pièce, attestant contre toi, au parterre, qu'il n'a pas été amoureux de Charlotte et qu'il est plein de vie !..... Tu vois bien, que cela ne peut pas tenir !.....

« Remets donc Séchelles au rang des conspirateurs ; rends-lui son âme politiquement atroce et mets Adam Lux à sa place.....

« Guadet, ton compagnon, te dira qu'Adam Lux, indigné de voir la liberté perdue par les trames des centuumvirs, avait résolu de se brûler la cervelle à la barre de l'Assemblée. Juge si ce n'est pas là ton homme, amoureux de Charlotte, adorateur de la Liberté !.....

« Peints la corruption, la calomnie, les intrigues qui nous sont connues ; les caractères, les lâchetés des Parisiens ; la terreur, à l'ordre du jour ; l'audace dès

Jacobins ; les excès des femmes révolutionnaires, etc.

« Ce que je te recommande, surtout, ce sont les caractères : Vois ton Danton, et compare-le au lâche qui, dans ce moment, est devenu un des agents subalternes de Robespierre ; c'est un homme à grands mots, mais non à grand caractère......

« Et les mouvements des départements luttant contre l'anarchie ?...... A peine quelques scènes ; cela ne suffit pas ; n'oublie pas que la tragédie est l'histoire en action !.....

« Mais surtout, soigne ta versification ; ta facilité se fait trop sentir......

. « La chute de nos persécuteurs n'est pas éloignée ; et la pièce peut encore être représentée sur nos théâtres. Fais qu'elle soit digne de figurer auprès de celles de nos maîtres. Tu le peux, et par la grandeur du sujet et par tes moyens naturels, un peu comprimés par le travail........

« Mets *Adam Lux* sur la scène, je te le répète ; cet amour sera digne de Charlotte, au lieu que celui de Séchelles m'a tout l'air des désirs d'un libertin......

(Suit une série de vers critiqués.)

« Adieu, mon cher ami, je t'embrasse et ton compagnon

« Barbaroux[1]. »

III

Commentaires par J. Guadet.

M. Guadet, neveu de l'illustre Représentant, apprécie ainsi, dans son *Histoire des Girondins*, l'œuvre du compagnon d'infortune de son oncle :

« Pendant son séjour dans la maison de *Guadet* père, *J.-B. Salle* écrivit des

---

1. Extrait de la tragédie publiée par M. G. Moreau-Chaslon.

drames où sont appréciés les hommes les plus saillants de la Révolution : *Robespierre*, *Danton*, *Barrère*, *Amar*, etc. Parmi ces travaux littéraires, le plus remarquable est *la tragédie de Charlotte Corday* ; de cette œuvre, nous dirons qu'elle se recommande par une grande hardiesse de conceptions et d'effets dramatiques ; on pourrait y signaler en même temps une chaleur et une verve que l'on chercherait, en vain, dans plus d'un ouvrage renommé. »

IV

Commentaires par M. G. Moreau-Chaslon.

L'éditeur de cette tragédie (*M. G. Moreau-Chaslon*), que le hasard des enchères a fait tomber entre ses mains, juge ainsi cette œuvre écrite selon les règles de l'ancienne poétique :

« Cette tragédie n'est pas un chef-d'œuvre ; mais en se souvenant que *J.-B.*

Salle avait été presqu'un défenseur de Louis XVI, comment ne pas reporter sur le talent de l'écrivain une part de l'estime qui est due à son caractère ?

« Que de beautés surgissent dans ses vers incorrects ! »

Plus loin :

« Composer une tragédie, dans de pareilles conditions, n'est-ce pas un remarquable tour de force ? L'homme qui, en présence de l'échafaud, dans une obscurité à peu près complète, a pu conserver assez de liberté d'esprit pour une pareille œuvre, cet homme-là n'était point d'une trempe ordinaire ; il puisait, à la source d'un patriotisme ardent, cette énergie que rien ne saurait vaincre, parce qu'elle est le fruit de convictions sincères. »

ANALYSE

PAR

J.-B.-V. SALLE, PETIT-NEVEU

1893

PERSONNAGES

AMAR,
BARRÈRE,
BAZIRE,
DANTON,
HÉRAULT DE SÉ-
CHELLES,
ROBESPIERRE.

Membres du Comité de Salut public.

HENRIOT, commandant de la force armée.

RAFFET, officier supérieur de la force armée.

CHARLOTTE CORDAY.

Le Comité de Salut public.

Conjurés. — Soldats. — Hommes et femmes
du peuple.

La scène se passe à Paris, en 1793.

ACTE PREMIER

Réunion du Comité de Salut public. — Les Proscripteurs tremblent devant les Proscrits.

BARRÈRE

Amis, l'orage gronde, et des cris de vengeance
S'élèvent contre nous, des deux bouts de la France ;
Nos noms sont en horreur aux cœurs républicains
Et le pouvoir suprême échappe de nos mains.....

.... En une longue tirade, il pressent le danger qui les menace ; il veut relever le courage abattu du Comité.

Danton, Hérault de Séchelles poussent à l'envi des cris de résistance ou des cris de fausse conciliation avec les Girondins :

De la nécessité, sachons subir les lois.......
Nous-mêmes, des proscrits, rétablissons les droits.

Robespierre doute du succès de ce revirement ; cependant, il reconnaît que cet apaisement simulé sera en leur faveur :

Des proscrits, pour un temps, faisons tomber les chaînes,
Qu'eux-mêmes, ils soient trompés par ses promesses vaines

Et, s'il le faut, amis, avant de triompher
Serrons-les dans nos bras, mais pour les étouffer [1].

DANTON ne partage pas cet avis, il veut, au contraire :

Brisant le frein des lois et frappant sans retour,
Porter dans leurs foyers, la mort et le ravage.

Il veut la lutte à outrance et consommer leur œuvre, en régnant :

Puisqu'enfin aux Français, il faut des chefs suprêmes,
Arrachons de leurs mains ces titres glorieux.
Régnons, pour n'être pas esclaves avec eux !

Le débat continue ainsi, sans accord possible, lorsque HENRIOT survient, annonçant l'*assassinat de Marat !*

HENRIOT

Son assassin hardi, cette femme étonnante,
Tranquille au milieu d'eux, les glace d'épouvante,
Son visage est serein, son front majestueux.
Les cœurs sont étonnés de l'éclat de ses yeux.
Jeune et belle........

A ce récit aussi simple qu'admirable, le Comité crie vengeance !

---

1. C'est là une flagrante réminiscence de Racine qui a dit :

    « *J'embrasse mon rival, mais c'est pour l'étouffer.* »

ROBESPIERRE

Oui, frappons ! et, tout pleins du Dieu qui nous inspire,
Sur ces vastes débris, asseyons notre Empire !

DANTON conseille le calme, la prudence et la ruse, en ces termes :

Allons donc vers ce peuple et promettons justice ;
Pour le mieux gouverner, cédons à son caprice.
Vous, Barrère, au Sénat [1] *; et nous, dans tout Paris,*
Volons ! et qu'à la fois, tout soit plein de nos cris ;
Versons, comme un torrent, l'or et la flatterie.
Parlons de Liberté, de Vertus, de Patrie !
Séduisons ! mais surtout, sachons nous souvenir
Qu'il faut aujourd'hui même, ou régner ou périr !

1. *Sénat* pour Assemblée.

FIN DE L'ACTE PREMIER

ACTE DEUXIÈME

Craintes et indécisions du Comité de Salut public.
Arrestation de Charlotte Corday. — Son interrogatoire.

DANTON, préoccupé de savoir quels ont été les résultats
des démarches.

Parlez donc, remplit-on notre attente secrète ?
Tout est-il disposé ? la foudre est-elle prête ?

ROBESPIERRE

J'ai maîtrisé les cœurs, du moins pour un moment ;
J'ai parlé, j'ai flatté ; ce peuple turbulent
A reconnu ma voix et s'est laissé séduire ;
. . . . .
Nos agents versent l'or, soignent nos avantages.
Voilà ce que j'ai fait !

BARRÈRE

Des ennemis publics, ces forfaits sont l'ouvrage.
Ai-je dit — Jusqu'à quand souffrirons-nous leur rage ?
Attendrons-nous, qu'enfin, nous foulant sous leurs pieds,
Du sang républicain ils soient rassasiés ?

Frappons ! prévenons-les par des coups plus terribles,
Autant qu'ils sont cruels, montrons-nous inflexibles !

. . . .

Les proscrits, sans retour, sont remis dans nos mains ;
Leur parti va périr, et cette femme altière,
Sous ces fatales lois, tombera la première !

. . . .

Ayant ainsi repris un regain de courage, ces montagnards
enhardis, mais toujours apeurés, se décident enfin à faire
entrer le peuple au sein du Comité, pour assister à l'interrogatoire de Charlotte. Cet interrogatoire est précédé d'un
violent discours de Robespierre, surchauffant le peuple
pour l'amener à une prompte vengeance.

Charlotte Corday entre.

ROBESPIERRE

Monstre ! sur ton supplice,
Interroge, à la fois, et la terre et les cieux !

CHARLOTTE

Mon supplice ?..... je sais..... je dois mourir !

BARRÈRE

Quels sont vos parents ?

CHARLOTTE

.... Que t'importe ?
Si de quelque vertu, j'ai pu couvrir mon nom,
L'âme qu'ils m'ont formée est leur plus noble don.
O mon père ! pardonne à ta fille chérie
Si j'ai, sans ton aveu, disposé de ma vie !
Ma gloire t'appartient ; console tes vieux ans.

...

DANTON

.... Assassin de Marat,
Réponds ! Qui t'a porté à ce meurtre ?

CHARLOTTE

.... Ses crimes !

DANTON

Eh ! quoi, tu prétendrais tes fureurs légitimes ?
Frapper l'ami du peuple ! Oublier ces bienfaits !

CHARLOTTE, avec force.

.... Le monstre !

(Puis avec calme.)
..... Grâce au ciel, IL N'ÉTAIT PAS FRANÇAIS *!*

Pressée par le Comité, pour avouer ses complices :

Laisse aux Proscrits leur gloire ; à mon cœur, ses succès :
Frappe plutôt ce cœur qu'indignent tes forfaits ;
Je te hais à l'égal du monstre que tu venges.

....

Laisse là Marat, l'opprobre de la terre,
Fléau dévastateur, vomi par le Tonnerre !
Monstre affreux !...................

A ces discours, le peuple s'indigne ou applaudit tour à tour, menaçant même le Comité, ce qui irrite ROBESPIERRE qui fulmine.

CHARLOTTE reud grâce au peuple
et fait l'apologie de son crime.

Oui, j'ai tué Marat ! et puisse le Tonnerre
Ecraser d'un seul coup les monstres de la terre !
Citoyens, entendez ces plaintes, ces accents
Qui, de la France en pleurs, font gémir les enfants ;
Voyez, de tous côtés, la flamme dévorante
Et le fer et la mort, la mort pâle et sanglante
Moissonner, sans pitié, nos frères et nos amis,
Faire un vaste tombeau de ce triste pays !

CHARLOTTE anathèmatise tout le Comité ; son animation vengeresse jette la terreur parmi ses juges ; et, dans le paroxysme de sa haine, elle s'écrie :

Danton ! j'aurais voulu percer ton cœur barbare,
Ce cœur nourri de sang......................

J'ai brisé dans tes mains ton instrument funeste.
Je n'avais qu'un seul corps ...... le Ciel fera le reste.

DANTON réplique, flattant le peuple, avec bassesse et sans
conviction ; et CHARLOTTE de continuer, avec chaleur, à
accuser le Comité de Salut public ; ROBESPIERRE vomit la
calomnie ; le peuple irrité demande vengeance et justice ;
c'est alors que, pour mettre fin à cette scène animée,

CHARLOTTE, hautaine et fière, terrorise en disant :

Périssent les tyrans, et qu'après eux j'expire !

DANTON

Emmenez cette femme.

ROBESPIERRE et DANTON demeurent anéantis devant l'audace et le courage de CHARLOTTE qui n'a voulu rien avouer ;
ils décident alors d'essayer de corrompre Charlotte, en sé-
duisant son cœur, en y portant l'espérance et le pardon.

Notre art est de séduire, et par ce grand moyen
Ce cœur si fier, dompté, ne refusera rien.

Le Comité fait ensuite le serment d'anéantir les traîtres.
On charge SÉCHELLES de porter à Charlotte leurs vœux ;
et, surtout, de bien garder le secret de leur cause.
Mais SÉCHELLES, *épris des charmes de Charlotte,* hésite
entre son devoir et *son amour croissant.*

FIN DE L'ACTE DEUXIÈME

ACTE TROISIÈME

Séchelles déclare son amour à Charlotte.

SÉCHELLES, indécis sur ce qu'il doit faire vis-à-vis de Charlotte, trouve en *Raffet* un ami sincère qui le blâme de sa lâche conduite et veut le ramener au salut des Girondins, en sauvant Charlotte.

RAFFET

.... Songe à toi ; sers ton pays ;
Sois citoyen !............

(Il sort.)

HENRIOT, avec une nombreuse escorte, amène CHARLOTTE auprès de SÉCHELLES, chargé de la corrompre, pour lui arracher son secret sur ses complices dans l'assassinat de Marat.

SÉCHELLES SEUL, AVEC CHARLOTTE

Madame, à votre aspect, vous me voyez confus.
Mon cœur est pénétré de toutes vos vertus.   (Etc.)

....

CHARLOTTE

Quoi ! les tyrans vont donc jusqu'à flatter ?
Quel piège veux-tu tendre et qu'ai-je à redouter ?

Séchelles, par des biais flatteurs, cherche à tenter Charlotte en lui insinuant que *la Patrie ne veut pas son trépas.*

CHARLOTTE

Et, pour le mériter, ce présent si flatteur,
A quel crime faut-il déterminer mon cœur ?

SÉCHELLES

Il suffit de flatter le Comité de Salut public, en le trompant, par des promesses, afin d'obtenir que l'on diffère.

CHARLOTTE

Tu veux que je m'abaisse aux pieds de ces brigands !
Que j'accepte, avant tout, tes délais flétrissants !

Séchelles, égaré, éperdu, déclare enfin son amour à Charlotte.

CHARLOTTE

Insensé ! peux-tu bien me faire cet outrage,
M'offrir, en ces lieux, un si coupable hommage ?

SÉCHELLES, repentant de son audace,
présente à Charlotte son poignard.

D'un second sacrifice, honorez votre main,
Immolez un tyran, frappez un assassin !

CHARLOTTE

Sois homme ! Lève-toi ! Ce fer de la vengeance
Dans tes mains, désormais, appartient à la France ;
Va sauver ton pays et sois digne de moi !

SÉCHELLES

J'y vole de ce pas !...................
..... Nous vengerons la France, et par de nobles coups,
Nous viendrons vous sauver ou périr avec vous.

(On emmène Charlotte.)

AMAR, qui a entendu les derniers mots de SÉCHELLES, crie
à la trahison !

FIN DE L'ACTE TROISIÈME

ACTE QUATRIÈME

Conjuration pour la délivrance de Charlotte.

Le peuple de Paris est gagné en faveur de Charlotte ; il
n'attend plus que le signal, pour frapper les tyrans :
SÉCHELLES et RAFFET discutent la situation avec les chefs
des conjurés.

SÉCHELLES, seul, invoque Charlotte pour guider leurs pas.

'Elle vivra ! Son nom, comme un signal de gloire,
Va marcher devant nous et fixer la victoire ;
Et nos cris triomphants, honorant ses vertus,
Vont la nommer partout PLUS GRANDE QUE BRUTUS !

(Voir les commentaires.)

Cependant, ce complot est découvert : SÉCHLLES doit
périr, s'écrient AMAR, BARRÈRE et DANTON qui ordonne de
le faire empoisonner :

Séduit par cette femme, il lui promet son zèle,
Il sert son vil parti ; qu'il périsse avant elle !
. . . .

Quand, tout à coup, survient

ROBESPIERRE

.... Amis, il a jugé ! (le tribunal.)
Les juges ont parlé, et soudain mille cris
Ont proclamé Marat, exècré les proscrits.
Nous triomphions !...... Déjà sur le lieu du supplice,
On faisait les apprêts de ce grand sacrifice
Lorsque des furieux, tout à coup rassemblés,
Renversant l'échafaud, sur nos gardes troublés,
Menaçant nos agents, les juges et nous-même,
Ont suspendu le cours de cette heure suprême.
Au sein du tribunal, les juges sont bloqués ;
Les postes sont peut-être, à l'instant, attaqués.
Tout s'ébranle, s'agite, on court, on crie aux armes ;
La ville se remplit de tumultes et d'alarmes,
Et Séchelles est, dit-on, parmi les conjurés.
Amis, de tant de maux mes sens sont pénétrés.
Que ferons-nous ? Voyez, il faut un prompt remède.
Parle, Danton !.........

DANTON conseille la résistance contre les révoltés.

Que le peuple se lève et venge notre cause,
Qu'à tous nos ennemis, la terreur en inspire ;
Et, par le sort enfin, si nous sommes trahis,
Dans la tombe, en mourant, entraînons les proscrits !

FIN DE L'ACTE QUATRIÈME

ROBESPIERRE

ACTE CINQUIÈME

Mort de Séchelles. — Triomphe de Danton.

Les conjurés, soulevés par SÉCHELLES et RAFFET, sont partout vainqueurs ; ils s'avancent vers le Comité de Salut public.

DANTON, *tremblant et se voyant déjà perdu.*

Faites conduire ici cette femme insolente,
Qu'elle vienne ! il faudra nous l'arracher sanglante !

ROBESPIERRE

Mourons ! mais, qu'avant tout, cette femme à leurs yeux
Soit, de tous nos poignards, à la fois accablée,
Que, sous nos coups vengeurs, elle tombe immolée !

(Charlotte est amenée.)

DANTON

Viens ! objet du peuple courroucé,
Exécrable assassin !.....
Viens ! monstre tout couvert du pur sang des Français,
Ici, la mort t'attend !.....

....................ment, apaisant la justice!
.......ra ton flanc, à défaut du supplice!

CHARLOTTE

Que dis-tu? Dans mon âme est-il d'autre désir,
Pour combler tant d'honneurs, que celui de mourir?

. . . .

Frappe! Qui te retient? Dans ton cœur forcené
Mon bras se plongerait, s'il n'était enchaîné.

Puis, entendant les cris des conjurés qui s'approchent :

Traîtres, la liberté va briser votre trône.
Vos crimes vont finir, la mort vous environne!

Les insurgés pénètrent enfin dans la salle. — Danton
menace CHARLOTTE de son poignard. — HENRIOT survient à
la tête de sa troupe et RAFFET se met à la tête de la sienne.
— Les deux troupes élèvent l'arme, pour se coucher en
joue — quand SÉCHELLES donne l'ordre d'arrêter le feu,
parce qu'il va tout révéler. . . . . .

DANTON à CHARLOTTE

. . . . . . *Tu mourras, la première.*
S'il ose . . . . . .

SÉCHELLES va, quand même, dénoncer les projets de la
Montagne, lorsqu'il sent tout à coup ses forces l'abandon-
ner et ses yeux se voiler . . . . . *il meurt empoisonné.*

Les membres du Comité se hâtent d'exploiter cette mort,
pour en accuser les Girondins.

AMAR

Peuple, ainsi, dans un jour,
Deux de tes défenseurs sont frappés sans retour !

Bientôt, les soldats de Raffet passent du côté d'Henriot,
en reniant Séchelles qui les aurait trompés ; Raffet lui-
même est arrêté.

DANTON a CHARLOTTE

...... Et toi, lâche assassin,
Toi, dont l'exemple atroce a dirigé sa main,
Va ! monte à l'échafaud, ta récompense est prête.
C'est le fer de la loi qui doit frapper ta tête !

(Il rengaine son poignard.)

CHARLOTTE

Gémissant sur le sort de la France tombée entre les mains de ces barbares
sanguinaires, dit, en terminant sa harangue vengeresse :

Oh ! qui pourra compter tous les maux de la France ?...
Contre ses oppresseurs, qui rompra le silence ?
Des cadavres sanglants, par milliers entassés !
Les cris, par la terreur, dans les cœurs repoussés !
Les brigands sans pitié ; les haches toujours prêtes !
Les forfaits célébrés par d'exécrables fêtes !

O mon pays !.... malheur à tes tristes enfants
Qui pourront refuser d'encenser les tyrans !

. . . .

Grâce au ciel, l'heure approche et mon supplice est prêt.
Pour qui meurt aujourd'hui, la mort est un bienfait !

(Les gardes l'emmènent.)

DANTON

Enivré de son triomphe inattendu, ordonne des fêtes et la promenade
des martyrs à travers Paris.

Il (le peuple) *adore Marat et nous cède l'empire ;*
Les proscrits sont vaincus et cette femme expire !

HENRIOT vient d'assister au supplice de Charlotte.

C'est à travers les flots de ce peuple agité
Qu'a marché cette femme, avec calme et fierté ;
Souriant à l'insulte et dédaignant l'offense,
Son cœur n'était touché que du sort de la France.
Elle a reçu la mort en invoquant Brutus.
Pour un moment encor j'ai vu les cœurs émus ;
Mais j'ai pressé l'instant, et cette tête altière
Par sa chute, a fixé la fureur populaire.
Marat est satisfait et la ville est à nous !

. . . .

BAZIRE

Nous régnons ! Paris cède et la France est soumise !

DANTON

Ainsi doit réussir toute illustre entreprise.
Hâtons-nous de saisir ces prix si glorieux ;
Allons flatter le peuple et recueillir ses vœux.
Amis, les grands succès sont dus aux grands courages ;
Marchons ! et si le sort trouble nos avantages,
Frappons avec audace et sachons tout dompter !
Il n'est rien, pour régner, qu'il ne faille tenter.

FIN DE LA TRAGÉDIE

V

L'ENTRÉE DE DANTON AUX ENFERS

L'ENTRÉE

DE

DANTON AUX ENFERS

POÈME INÉDIT

DE J.-B. SALLE

PUBLIÉ D'APRÈS LE MANUSCRIT ORIGINAL

PAR

G. MOREAU-CHASLON

Paris, 1865

ANALYSE

Par J.-B.-V. SALLE, PETIT-NEVEU

1893

AVANT-PROPOS

Cette satyre poétique a été tirée à cent cinquante exemplaires, sur papier vergé et quatre
sur peau de vélin.

Elle se compose de mille vers environ.

Ces vers, de dix pieds, sont bien supérieurs à
ceux de *Charlotte Corday* ; J.-B. Salle n'était pas
fait pour chausser le Cothurne ; le genre saty-
rique était plus conforme à sa nature.

L'éditeur, admirateur de Danton, regrette que
Salle n'ait pas dirigé sa satyre *contre Marat* ;
(un peu plus loin, nous dirons pourquoi). Quoi
qu'il en soit, ce poème est vivement mené ; les
faits curieux et les mots sanglants y abondent ;
la véhémence et la violence n'y manquent pas.

Nous ne ferons que quelques citations de cette
longue satyre que Salle *n'eut que quelques jours
pour écrire* ; mais cela suffira pour édifier le
lecteur sur la valeur de cette œuvre remarquable, à tous les titres.

J.-B.-V. S.

ANALYSE

La scène se passe aux Enfers.

Le grand Conseil est réuni sous la présidence de MARAT ;
tout à coup un grand tumulte se produit ; ce sont des
recrues qui entrent :

Tous les damnés, comme en un jour de fête,
De leurs chaudières avaient sorti la tête.

Et, MARAT, s'avançant vers les nouveaux venus :

Eh ! mes amis, comme vous voilà faits !
Quoi ! vous aussi, sans tête !
Vous, raccourcis ! Quelle diable de fête !
Quel saint nouveau chôment donc nos Français ?
Christ a-t-il fait reviser son procès ?
Aux Cordeliers, l'a-t-on mis à ma place ?
Vos Montagnards ont-ils brisé ma chasse ?
. . . .

Marat invite Danton à prendre part à la séance :

Mais, avant tout, on cherche dans l'Enfer
Quelque damné, quelqu'honnête Frater

Qui sache, au moins, mettre une tête en place,
Car, fût-on Diable, on ne peut, avec grâce,
Parler sans tête, et rien n'est plus vilain
Que de parler, sa tête sur sa main.

La tête de Danton remise, il raconte qu'ayant bâté le
Peuple-Roi, Robespierre l'avait sanglé ; il vante ses hauts
faits de Septembre ; nul, mieux que lui, n'avait fait la
police ; il avait choisi ROBESPIERRE :

Pour son faiseur, son appétit féroce ;
Son air de tigre et son cœur plus atroce ;
Ses yeux hagards, tel qu'un ogre affamé ;
Buveur de sang, mangeur de chair humaine ;
Livide, affreux, je le crus tout formé
Pour dévorer les badauds par centaines.

. . . . .

Tout un pays fut couché sur la place,
Jeunes et vieux, chaumières et châteaux,
Villes et bourgs, forêts, maisons, troupeaux
Tout y passa. . . . .

Puis, ce fut le tour des Jacobins. . . . puis Hébert :

Aux fins morceaux, le monstre avait pris goût ;
Des Montagnards, il voulut un ragoût.

. . . . .

Quoi ! dis-je, enfin, au tigre tout puissant,
A Robespierre, entends-tu nous conduire

Comme un troupeau destiné pour ta dent ?
Le côté droit ne peut-il te suffire ?
. . . .

Non ! lui répond la Montagne.

Il vaut bien mieux traiter le noble sire
En mets friands ; et.... c'est vous ! me dit-on ;
Pour cet honneur, nous destinons Danton !

Et, Danton de se défendre, de vanter sa valeur, ses hauts
faits, sa gloire, etc. Périsse plutôt Robespierre !

St-Just ordonne et Robespierre a faim !
— Mais, mes amis, songez donc !.... point d'affaire,
Délibérer, c'est blesser Robespierre.
— Mais, cependant.... — Vous plaiderez là-bas !
— Quoi ! sans m'entendre ? — Ah ! mon cher, c'est l'usage
Les longs discours retarderaient l'ouvrage.
— Mais, quoi ?.... Parlez à Monsieur Nicolas.
Certes, Messieurs, il n'est rien qui vaille.
Je ne veux pas, vous dis-je, être mangé ;
— Mon cher Danton, ce point est arrangé,
C'est, mon ami, ta race qu'on travaille.
— Quoi ! vils coquins, bourreaux, sotte canaille,
Valets d'un monstre, instruments des tyrans !
— Quoi ! scélérats.... J'allais, dans ma colère,
De tous leurs noms, accabler ces brigands,

Quand, tout à coup..............
            Je vis ma tête à terre !

....

Ainsi, Messieurs, Robespierre aujourd'hui
Vous reste seul ; et, quant à moi, peut-être
Mon malheur vient d'avoir voulu paraître
Et plus subtil et moins Diable que lui.

....

DANTON continue en racontant que tout est au mieux là-haut, que tout s'aggrave et que c'est un Enfer pire que celui-ci.

Ainsi pour vous, pour votre honneur enfin,
Chez les badauds, c'est une ivresse extrême,
Tout est parfait, tout va ; Satan lui-même
Pour faire mieux, y perdrait son latin.

Après ce tableau de Paris, fait par Danton, MARAT et SATAN prennent tour à tour la parole ; Satan se réjouit de la Révolution et de l'état de la France :

A notre empire, ils ont conquis la France.
La faim, la peste et la guerre et la mort,
Enfants hideux, si chers aux sombres bords,
Règnent là-haut, y sont en permanence,
Nul privilège, enfin, n'existe plus.

....

Toi, de ta secte, et l'apôtre et le guide,

Danton, faut-il ici nous étonner
Si ton grand cœur, avide de puissance,
Visait au trône et convoitait la France ?
Tu méritais, sans doute, d'y régner.

. . . .

Pour tes amis, pour toi, pour notre bien,
Accepte donc un droit qui te convient :
Règne avec nous, sur ces affreux domaines,
Il est ici, parmi tous nos travaux,
Une besogne et des plaisirs nouveaux ;
De muscadins, nos chaudières sont pleines ;
Dans nos brasiers, ils tombent par centaines.
Sur ces damnés et sur ceux à venir,
Que nos amis, exerçant leur adresse,
Aient, par brevet, l'EMPLOI DE LES RÔTIR !
J'en fais, Messieurs, la motion expresse.

DANTON et ses amis sont acclamés membres des Enfers.

Ils sont admis et le Sénat s'empresse
De les conduire, à l'instant, aux chantiers.
A l'œuvre, au fait, on veut les voir paraître ;
Marat les guide, et, sous l'œil de leur maître,
Remplis d'ardeur, nos bouillants Cordeliers
Prennent la fourche, attisent les brasiers,
Y font couler des torrents de leur rage,
En un clin d'œil, font tout cuire et bouillir.
Et les Enfers virent avec plaisir

Qu'ils n'étaient pas étrangers à l'ouvrage.

. . . .

Et pour Hébert, il reçut du Sénat
Le digne emploi, la charge respectable
De desservir la niche de Marat !

Ainsi finit ce pamphlet si plein de brio, d'originalité, d'amers sarcasmes, et si remarquable par son élégance poétique ! *J.-B. Salle*, qui avait tant de raisons pour haïr Danton et de le discréditer en tous lieux et par tous moyens, s'est empressé — tant il fut satisfait de le voir *raccourci* — s'est empressé, dis-je, d'improviser cette cruelle et vengeresse satyre !

Si, au lieu de Danton, son ennemi personnel, il eût exécuté *Marat*, à n'en pas douter, sa verve et ses vers s'en seraient, peut-être, ressentis.

J.-B. S.

FIN

TABLE

—

CHAPITRE III

J.-B. Salle fait tous ses efforts pour sauver la tête du Roi Louis XVI 49

CHAPITRE IV

Proscription et arrestation des Girondins 69

CHAPITRE V

I

ART. Iᵉʳ

ART. II

ART. III

ART. IV

Alger. — Typ. P. Fontana et Cie. — Février 1894.